MINISTÈRE DU COMMERCE, DE L'INDUSTRIE

DES POSTES ET DES TÉLÉGRAPHES

EXPOSITION UNIVERSELLE INTERNATIONALE DE 1900

À PARIS

RAPPORTS
DU JURY INTERNATIONAL

Classe 73. — Cristaux et verreries

RAPPORT DE M. EUGÈNE HOUTART

MAÎTRE DE VERRERIE

PARIS

IMPRIMERIE NATIONALE

M CMI

RAPPORTS DU JURY INTERNATIONAL

DE

L'EXPOSITION UNIVERSELLE DE 1900

4° V

MINISTÈRE DU COMMERCE, DE L'INDUSTRIE

DES POSTES ET DES TÉLÉGRAPHES

EXPOSITION UNIVERSELLE INTERNATIONALE DE 1900

À PARIS

RAPPORTS

DU JURY INTERNATIONAL

Classe 73. — Cristaux et verreries

RAPPORT DE M. EUGÈNE HOUTART

MAÎTRE DE VERRERIE

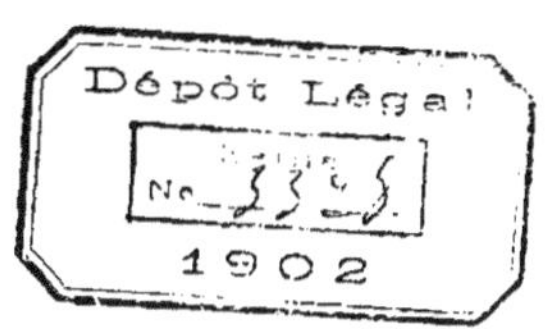

PARIS

IMPRIMERIE NATIONALE

M CMI

CLASSE 73

Cristaux et verreries

RAPPORT DU JURY INTERNATIONAL

PAR

M. EUGÈNE HOUTART

MAÎTRE DE VERRERIE

IMPRIMERIE NATIONALE.

COMPOSITION DU JURY.

BUREAU.

MM. **Appert** (Léon), ingénieur des arts et manufactures, maître verrier, émaux, cristaux, verres et couleurs vitrifiables [maison Appert frères] (comités, jury, Paris 1889, président des comités, Paris 1900), président du Syndicat des fabricants de cristaux et verreries de France, *président* .... France.

Reich (Ign), maître de verrerie, *vice-président*......................... Autriche.

Houtart (Eugène), bouteilles, touries pour acides (médaille d'or, Paris 1889; comités, Paris 1900), à Denain, *rapporteur* .... France.

Harant (Louis), président de la Chambre syndicale de la céramique et de la verrerie (secrétaire des comités et du groupe XII, Paris 1900), membre de la Commission permanente des valeurs de douane, *secrétaire*............... France.

JURÉS TITULAIRES FRANÇAIS.

MM. **Hayez** (Paul), ancien député du Nord, administrateur de la Société anonyme des verreries de l'Ancre réunies (médaille d'or, Paris 1889; comités, Paris 1900), vice-président du Syndicat des fabricants de cristaux et verreries de France, à Aniche... France.

Landier (Alfred), cristalleries de Sèvres et de Clichy réunies (grand prix, Paris 1889; comités, Paris 1900) vice-président de la Chambre syndicale des cristaux et verreries de France, au Bas-Meudon........................ France.

Lebreton (Gaston), correspondant de l'Institut, directeur du Musée départemental d'antiquités et du Musée céramique (comités, Paris 1900), à Rouen........ France.

Maes (Georges), cristaux (comités jury, Paris 1878, 1889; rapporteur des comités, Paris 1900), membre de la Commission permanente des valeurs de douane .... France.

JURÉS TITULAIRES ÉTRANGERS.

MM. **Jessen** (Dr P.), directeur de la bibliothèque du Musée des arts décoratifs de Berlin... Allemagne.

Trezza de Muzella (le comte César), président de la Chambre de commerce italienne à Paris... Italie.

JURÉS SUPPLÉANTS FRANÇAIS.

MM. **Couvreur fils** (Jules), verreries, produits chimiques (comité d'admission, Paris 1900), à Paris... France.

Despret (Georges), administrateur délégué de la Compagnie des glaces du Nord (grand prix, Paris 1889; comités, Paris 1900), à Jeumont .... France.

JURÉ SUPPLÉANT ÉTRANGER.

M. **Tistchenko**, professeur à l'Université de Saint-Pétersbourg.................. Russie.

EXPERT.

M. **Lémal** (Léon), ingénieur des arts et manufactures, verres émaillés, peints et gravés [maison Lémal, Raquet et Prost]..................................... France.

CRISTAUX ET VERRERIES.

AVANT-PROPOS.

L'industrie de la verrerie est presque aussi ancienne que l'humanité.

L'archéologie atteste que la fabrication du verre remonte à la plus haute antiquité.

Les premiers briquetiers ont été probablement les premiers verriers, des verriers sans le savoir, et cette version nous paraît moins risquée que le récit de Pline attribuant la découverte du verre aux marchands de nitre campés près du fleuve Bélus et trouvant sous leur marmite des morceaux de verre produits par la fusion du sable et du natron ou du nitre mis par hasard en contact. Le vernis obtenu à la surface des briques est beaucoup plus conforme à la réalité des faits.

En se rapportant au rapport de M. de Luynes, président la Classe de la verrerie à l'Exposition de 1889, il est facile de constater les progrès théoriques et les applications réalisés depuis cette époque.

De même que l'Exposition de 1889 a fourni la démonstration éclatante, par le triomphe du fer et de la céramique, qu'un art nouveau naissait de la collaboration des architectes et des ingénieurs, de même elle a témoigné de ce fait que le *verre* était en train de subir des transformations aussi nombreuses que singulières, en se pliant aux exigences de nos besoins de plus en plus variés et raffinés.

L'Exposition de 1900, qui a été le triomphe des architectes, a permis à ceux-ci de profiter des innovations des verriers et de faire là de multiples applications : les dalles de verre, les pavés éclairant les sous-sols, les escaliers, sont adoptés par les architectes; de plus, ces mêmes produits, et aussi les briques de verre, l'opaline, la pierre de verre, cette dernière revêtue de métal par dépôt galvanique sont employés en revêtements et sont prescrits par les règlements administratifs d'hygiène.

Le verre est arrivé à remplacer la fonte, le plomb, le zinc pour les conduits d'eau d'alimentation.

Le fer et le verre, voilà les deux agents qui caractériseront le xxe siècle et lui donneront leur nom. Le Palais lumineux de l'Exposition de 1900 est la démonstration éclatante de ce que l'on peut faire avec le *verre* et le fer, et cette construction fait sortir du domaine de l'hypothèse, du rêve, l'emploi du verre tant prôné et par les poètes, par les philosophes, et enfin par les amateurs et les producteurs de verre.

Passant en revue dans le cours de ce rapport les différentes expositions, nous terminerons ce préambule en citant les noms de ceux qui depuis dix ans ont contribué aux progrès de la verrerie par leurs conférences ou leurs écrits, et à ce titre nous sommes heureux de dire tout le bien que nous pensons des ouvrages de MM. Appert et J. Henrivaux, de M. E. Sartiaux, de MM. Gerspach, Olivier Merson, E. Garnier, H. Havard, E. Damour, puis encore de M. Henrivaux qui, en dehors de ses ouvrages techniques, s'est spécialement attaché à faire aimer le verre, à en vulgariser l'emploi, cela dans des articles insérés dans la *Revue des Arts décoratifs*, dans la *Revue des Deux Mondes*, dans la *Revue technique* et qui nous prépare encore une surprise dans un ouvrage spécial sur *L'Art de l'Exposition en 1900*.

Je termine en rendant un témoignage reconnaissant et ému à la mémoire de M. Mantois, qui a créé tant de types spéciaux de verres d'optique, qui a permis à la verrerie française de lutter victorieusement contre la verrerie allemande; à M. Mantois, qui a créé la spécialité des verres pour lunettes astronomiques et que la mort a emporté au début de cette Exposition, à la veille de son triomphe.

GLACES.

L'industrie des glaces tient à l'Exposition une place considérable, aussi bien par l'importance que par la qualité des produits qui y figurent.

Nous n'avons pas à refaire ici un historique tant de fois fait et bien fait. S'il est vrai que des miroirs d'airain existaient à la porte du Tabernacle, ainsi qu'en fait mention la Bible, si les Romains se servaient de miroirs de métal, voire même de verre, il est évident qu'il y a loin de ces produits primitifs, si ornés fussent-ils, à ceux que fabrique aujourd'hui une industrie qui a reçu les plus délicats perfectionnements.

Depuis la fin du xviie siècle, époque à laquelle commença en France la fabrication des glaces ou miroirs, les procédés se sont constamment améliorés. Ils ont atteint, depuis quelques années surtout, la perfection et de nombreuses usines livrent, en quantité considérable, des glaces d'une pureté irréprochable et des plus grandes dimensions.

Le personnel occupé pour la fabrication des glaces est d'environ 2,500 hommes, 150 femmes et 150 enfants; cette industrie emploie une force de 1,900 chevaux-vapeur et 300 chevaux hydrauliques, pour une production de 30 millions de francs.

Les verreries et cristalleries occupent, de leur côté, environ 16,000 hommes, 1,900 femmes, 3,000 enfants et nécessitent l'emploi de 2,500 chevaux-vapeur et 500 chevaux hydrauliques, pour une production de 120 millions de francs.

Les dernières statistiques permettent d'évaluer l'existence, en France, de 162 usines fabriquant le verre et les cristaux et de 9 manufactures de glaces.

Les départements où la production verrière est la plus importante sont les suivants : Nord, Seine, Aisne, Meurthe-et-Moselle, Marne, Loire, Rhône, Saône-et-Loire, Seine-Inférieure, Aveyron, Gironde, Orne, Bouches-du-Rhône, Cher, Allier, Seine-et-Oise et Oise.

Les matières qui entrent dans la composition du verre sont indigènes, à l'exception du plomb que l'on tire d'Espagne, d'Angleterre et de Belgique. Paris est le grand marché pour la vente du verre, des cristaux, des glaces et de la gobeletterie.

On exporte pour environ 30 millions de francs de marchandises, qui se répartissent de la façon suivante : glaceries, 4 millions; cristalleries et verreries, 18 millions; fabriques de bouteilles, 2 millions; fabriques de verres à vitres, 3 millions; fabriques de verres d'optique, de montres, d'émaux, vitrifications en grains, couronnes, 3 millions.

Les principaux débouchés sont : la Belgique, la Grande-Bretagne, l'Italie, l'Allemagne, l'Espagne, la Turquie, les États-Unis d'Amérique, le Brésil, la République Argentine.

La Commission permanente des valeurs de douane constate, dans son rapport de 1899, que les chiffres relatifs à la verrerie n'ont subi, tant à l'importation qu'à l'exportation, que de légères modifications durant l'année 1898.

Les industries du verre et du cristal auraient non seulement conservé leur situation, mais même acquis un certain avantage.

L'importation des petits miroirs, des glaces polies et étamées, a légèrement progressé, tandis qu'à l'exportation les glaces ont un peu diminué. Cette diminution s'expliquerait par le fonctionnement de glaceries françaises créées à l'étranger.

Les verres bruts coulés, les verres d'optique et les lampes électriques présentent à l'importation des chiffres plus élevés que ceux de l'année 1897.

Les transactions en verres à vitres blancs ont été assez actives. L'importation a progressé de 339.374 kilogrammes et l'exportation de 1 million de kilogrammes. On remarque, par contre, un léger ralentissement sur les verres à vitres de couleur.

La gobeletterie unie et moulée, restée stationnaire à l'importation, a présenté à l'exportation une assez forte plus-value.

Les articles taillés et gravés ont conservé un chiffre satisfaisant.

Il y a lieu enfin de noter sur les articles en verre non dénommés un progrès considérable à l'exportation. Le chiffre, en effet, passe de 2.141.000 kilogrammes en 1896, à 3.545.000 en 1897 et à 5.824.000 en 1898.

Société anonyme des manufactures de glaces et produits chimiques de Saint-Gobain, Chauny et Cirey (grand prix). — Le coulage des glaces, inventé en 1691 et installé à Saint-Gobain en 1693, a familiarisé le verrier avec la mise en œuvre de masses de verre importantes et a ouvert ainsi la voie à de nombreux emplois nouveaux de cette belle matière.

La Compagnie de Saint-Gobain s'est attachée à montrer, dans la Classe 73, les formes si diverses et les applications variées auxquelles se prêtent les verres blancs coulés, dont elle n'a cessé depuis deux siècles de perfectionner et de développer la fabrication.

Pour indiquer ces développements d'applications, elle a fait partager à certains fabricants, aux amateurs, son goût pour les choses nouvelles.

La Compagnie de Saint-Gobain a su profiter de la collaboration de M. Henrivaux et ce dernier a su se faire connaître et faire apprécier ses idées: c'est donc là une association heureuse dont tous ont profité. Aussi le Jury des récompenses de la Classe 73 a-t-il affirmé cette vérité en décernant à M. Henrivaux le seul grand prix de la Classe comme collaborateur de la Compagnie de Saint-Gobain.

La nécessité d'une production intensive et économique s'est imposée à l'industrie des glaces comme à toutes les autres industries et a conduit les fabricants à augmenter successivement les dimensions et la puissance de leur outillage.

Mais tout en faisant grand et bon marché, il ne fallait rien sacrifier de la qualité du produit et fabriquer des glaces très pures de pâte, présentant des surfaces d'une planimétrie irréprochable : double problème fort délicat dont les difficultés croissent avec les dimensions de la pièce fabriquée.

Glaces et dalles polies. — L'examen de la glace argentée de 8 m. 15 sur 4 mètres, la plus grande qui existe à ce jour, démontre que la Compagnie de Saint-Gobain a résolu ce problème avec succès.

Coulée avec un seul creuset, cette glace a été dressée et polie sur de nouveaux appareils brevetés d'une puissance et d'une précision inconnues jusqu'ici, dans lesquels l'intervention de la main-d'œuvre est réduite au minimum.

La fabrication des dalles polies a été également l'objet des études de la Compagnie de Saint-Gobain, à l'occasion de la construction de l'aquarium de Paris, où il s'agissait de réaliser des cloisons transparentes étanches pouvant résister à une charge de 3 m. 50 d'eau de mer.

Un recuit parfait et une grande homogénéité de matière étaient indispensables pour une semblable application qui n'avait pas été tentée jusqu'ici et où les ruptures pouvaient avoir de graves conséquences.

Les expériences faites à la demande de MM. Guillaume, créateurs de l'Aquarium de Paris, ont réussi, les parois en charge ont parfaitement résisté.

Verres bruts coulés. — La Compagnie de Saint-Gobain a introduit sur le continent, il y a quarante ans, la fabrication des verres bruts coulés minces, et il y a douze ans, celle des verres imprimés, toutes deux originaires d'Angleterre.

Elle a la première appliqué les fours à bassin et les étenderies Bievez à la fabrication de ces verres bruts, ce qui a permis d'en diminuer le prix de revient dans de fortes proportions; aussi leur emploi s'est-il beaucoup généralisé, grâce à leur bas prix, à leur bonne fabrication et aussi aux dimensions très variées auxquelles on peut les obtenir.

Les verres bruts minces qui sont restés pendant longtemps le monopole de la Compagnie de Saint-Gobain sur le continent, se fabriquent aujourd'hui dans plusieurs usines en France, Belgique, Allemagne et Autriche.

Carrelages en verre. — Parallèlement à la fabrication des verres coulés minces, la Compagnie de Saint-Gobain a créé et développé la fabrication industrielle des carrelages en dalles moulées en verre, dont elle expose des spécimens très variés.

La première application très importante de ce genre de dallages a été faite à l'hôtel du Crédit Lyonnais sous la direction de M. Bouvens van der Boyen et elle peut toujours être citée comme un modèle, réalisant, dans ce qu'elle a de pratique, l'idée de la maison en verre si souvent émise dans ces dernières années [1].

La couverture des voies de la gare de l'Ouest à l'Esplanade des Invalides offre l'exemple le plus récent de l'application des carrelages en verre sur une grande échelle. La Compagnie n'a pas craint d'accepter les clauses d'un cahier des charges d'autant

---

[1] Lire l'article « Une maison de verre », de M. Jules Henrivaux, publié dans la *Revue des Deux Mondes* du 1er novembre 1898. Puis les articles « La maison au xxᵉ siècle », parus dans la *Revue technique* des 25 mai et 25 juin 1900.

plus sévère que c'était la première fois qu'un dallage de cette importance (2,500 mètres carrés) a été exécuté en plein air, sur une voie publique, où il est soumis à toutes les intempéries et à toutes les chances d'accidents.

Moulages en verre. — Des spécimens de moulage les plus divers pour le bâtiment et l'industrie électrique, tels que pavés, tuiles à emboîtement, bas-reliefs et pièces décoratives, isolateurs, crémaillères, etc., montrent les ressources qu'offre le verre par les applications les plus variées, dont on trouve des exemples intéressants au Palais lumineux du Champ de Mars, notamment dans les escaliers en dalles de verre de cet édifice.

Phares et optique. — Depuis la découverte de Fresnel, à qui elle a fourni les matériaux de ses premiers appareils, la Compagnie de Saint-Gobain n'a pas cessé de s'occuper spécialement de la fabrication du crown glass pour la construction des appareils optiques des phares, qui exigent une constance absolue du pouvoir réfringent du verre; les constructeurs de phares français dont l'habileté est partout reconnue n'emploient que le verre de Saint-Gobain. Il n'a pu être exposé qu'un petit nombre de modèles de prismes et de lentilles fabriqués pour eux, mais la série complète se trouve dans les expositions mêmes de ces fabricants : MM. Barbier et Bénard, Sautter et Harlé, Henry-Lepaute.

Le coulage des réflecteurs plans ou plans-concaves, de toutes dimensions pour lunettes astronomiques, et surtout celui des miroirs à double courbure pour projecteurs Mangin se fait couramment dans les ateliers de Saint-Gobain.

Il y a une vingtaine d'années la maison Sautter et Harlé a fait faire dans cette usine des miroirs de 0 m. 60 de diamètre, puis de 0 m. 90, puis de 1 m. 20, 1 m. 50 et on pense à augmenter encore le diamètre.

Ces miroirs qui servent de réflecteurs pour la télégraphie optique, les plus petits dans la cavalerie, les miroirs moyens sur les navires, les plus grands dans les forts, se développent, se multiplient énormément.

Pour la marine, il devient nécessaire, à cause des torpilles ou engins sous-marins, d'éclairer autour des navires, et à une certaine profondeur et à une certaine distance, les eaux dans lesquelles flottent ces navires.

La Société, après de longs et coûteux essais, s'est fait une spécialité de la fabrication de ces pièces, dont le moulage et le recuit présentent des difficultés extrêmes, en raison de leur forme et des différences considérables d'épaisseur de leurs diverses parties.

Grâce à ces miroirs, usinés par la maison Sautter et Harlé, la France tient le record des projecteurs de grande puissance, devenus des auxiliaires indispensables de la défense ou de l'attaque des forts et des flottes.

Moulage méthodique Appert. — Les procédés de moulage méthodique du verre, inventés par M. Léon Appert, sont exploités exclusivement en Europe par la Compagnie de Saint-Gobain, pour fabriquer des tuyaux de grand diamètre, des colonnes (Palais lumineux) et des récipients cylindriques ou rectangulaires de grande capacité.

L'emploi des grands tuyaux n'est pas encore entré dans la pratique courante des constructeurs, pour des raisons diverses, mais il n'en est pas de même de celui des récipients, de plus en plus appréciés par les consommateurs.

Argenture, platinure, biseautage, bombage. — L'argenture, la platinure, le bombage et le biseautage des glaces sont faits par la Compagnie de Saint-Gobain dans plusieurs de ses usines. La résistance du platine aux agents atmosphériques permet de supprimer dans les miroirs platinés la couche de peinture préservatrice et leur laisse ainsi une transparence assez grande.

Il y a là une propriété intéressante, susceptible d'applications pratiques et le procédé de platinure de Dodé, modifié, a permis de platiner des glaces jusque 2 m. 50 sur 1 m. 20.

L'opération est délicate, car elle se fait à une température voisine de celle du ramollissement du verre. Les spécimens exposés à la Classe 73 permettent de se rendre compte du parti que l'on peut tirer des glaces platinées, par exemple la surveillance et l'éclairage de certains locaux.

L'argenture des glaces est sujette à beaucoup d'avaries, même quand elle est bien faite, en raison de l'insuffisance trop fréquente de l'enduit préservateur de la couche d'argent. La Compagnie de Saint-Gobain poursuit depuis longtemps des études pour améliorer cet état de choses.

On emploie peu en France les glaces bombées pour le vitrage des maisons et des magasins. En Angleterre, en Hollande, en Allemagne, les applications de très grandes glaces bombées sont au contraire fréquentes et apportent aux architectes un élément de décoration très apprécié.

Il existe à Paris des bombeurs habiles, mais aucun n'est outillé pour bomber de grandes surfaces et leur méthode de travail est coûteuse. C'est ce qui a engagé la Société de Saint-Gobain à faire elle-même le bombage de ses glaces.

Opaline laminée. — Frappée du besoin de constituer pour les installations sanitaires, pour l'hygiène dans les hôpitaux et les salles d'opérations, de grandes surfaces continues, résistantes, imperméables, d'un nettoyage facile, la Société a étudié la composition d'un verre très dur, inaltérable, pouvant se couler en grandes surfaces. L'opaline laminée brevetée est sortie de ces recherches. Elle se distingue des opalines ordinaires, marmorites, etc., par sa teinte spéciale et son extrême dureté.

Alliée au « céramo » ou « pierre de verre » elle est employée comme soubassements.

Dans les salles d'exposition, les amphithéâtres, l'intérieur des phares, les salles d'hôtels, l'opaline est alors émaillée, on en fait des reproductions de tableaux remplaçant les panneaux de faïence décorée.

Dans beaucoup de cas, les parois des salles d'opérations, salles de bains et douches,

cabinets de toilette, etc., peuvent être formées d'une seule plaque d'opaline laminée
fixée au moyen de simples agrafes ou couvre-joints: des applications déjà nombreuses
en font foi.

De longs couloirs étroits et obscurs, d'un entretien coûteux ont été transformés de
la façon la plus heureuse par des revêtements d'opaline en grandes surfaces, toujours
faciles à tenir propres au moyen d'une simple éponge ou d'un linge.

Verre armé. — L'inventeur du verre armé paraît être un Anglais nommé Tenner
qui, le premier, prit un brevet en 1850: MM. Bécoulet et Bellet reprirent la question
vers 1885. mais sans arriver à un résultat pratique.

Un procédé pour fabriquer le verre armé en feuilles de grandes dimensions a été
inventé postérieurement par M. Schumann aux États-Unis et employé depuis d'une façon
assez courante.

La Société de Saint-Gobain emploie pour cette fabrication un procédé inventé par
M. Léon Appert: ce procédé mis en pratique par cette société en France et en Allemagne
est également employé aux États-Unis par plusieurs verreries en concurrence avec le
procédé Schumann sur lequel il présente certains avantages.

Production et outillage de la Compagnie. — On voit que la Compagnie de Saint-
Gobain continue à développer les diverses branches de sa fabrication et à rechercher des
applications ou des débouchés nouveaux pour le verre coulé et moulé.

Elle exerce actuellement son industrie verrière dans 10 établissements situés en
France, en Allemagne, en Belgique, en Italie et en Autriche. Elle produit annuellement 77.500.000 kilogrammes de verre fini, avec fours Siemens contenant de 16 à
20 pots, 9 fours à bassin et une force motrice à vapeur hydraulique ou électrique de
11.500 chevaux.

Les chiffres correspondants de 1889 étaient : 6 usines produisant 41.200.000 kilogrammes de verre avec 16 fours à pots ou à bassin et 7.300 chevaux de force motrice.

L'ensemble des moyens de production des glaceries de la Société de Saint-Gobain
représente 30 p. 100 des moyens de production réunis de l'Europe.

Avec des moyens d'action aussi puissants, la Compagnie est en mesure de rechercher, d'essayer et d'appliquer promptement les innovations, les perfectionnements pouvant contribuer sérieusement aux progrès de son industrie.

Les glaceries de Jeumont et de Recquignies ont été fondées toutes deux en 1857
comme succursales: la première, de la Compagnie de Floreffe, par M. Hector Despret, la
deuxième, de la Société de Sainte-Marie-d'Oignies, par M. Houtart.

Ces usines restèrent attachées aux sociétés mères jusqu'au 1ᵉʳ mai 1893, époque à
laquelle elles furent fusionnées en une société française, au capital de 7.500.000 francs:
la « Compagnie des glaces et verres spéciaux du Nord » (hors concours) sous la direction générale de M. Georges Despret qui avait succédé à son oncle, M. Hector Despret,
en 1884, comme directeur des glaceries de Jeumont.

Jusqu'en 1884, l'histoire des deux glaceries est à peu près identique. Elles eurent toujours une marche prospère, mais étendaient peu leurs moyens d'action.

C'est ainsi que la glacerie de Jeumont, qui débuta avec une production de 500,000 kilogrammes de verre, n'en faisait que 1,700,000 kilogrammes en 1884.

Dès son arrivée à Jeumont, M. G. Despret installa la fabrication des verres spéciaux coulés pour toitures qui ne comptait alors que quelques rares représentants en Europe.

La concurrence fut vive avec la Société de Saint-Gobain et le prix du verre strié, au bout d'un an de lutte, était tombé de moitié. Cette baisse de prix assura des débouchés nouveaux à ce produit et permit un développement considérable de la production.

Cette production, qui n'atteignait pas 100,000 mètres carrés en France en 1884, atteint aujourd'hui plus de 800,000 mètres carrés.

Plus tard M. Despret installa à Jeumont la fabrication des verres coulés teintés pour vitraux, des verres diamantés, des verres d'optique. L'usine fondait en 1895 le grand miroir de 4 tonnes pour le sidérostat de l'Exposition. Cette pièce constitue un véritable tour de force de verrerie et dépasse, de loin, tout ce qui a été fait jusqu'à ce jour : la plus grande masse de verre optique coulée ne dépasse pas en effet 800 kilogrammes.

Enfin, il y a peu de temps, M. Despret installa la fabrication des revêtements en émail, basée sur un procédé absolument nouveau. Pour cette fabrication spéciale, M. G. Despret eut la bonne fortune de trouver deux collaborateurs dévoués qui surent donner dès l'origine un cachet éminemment artistique à ces œuvres : M. Charles Toché, l'éminent peintre, et son élève, Mlle M. de Glori.

La production des usines de Jeumont s'est plus que décuplée en quinze ans, de 1,700,000 kilogrammes en 1884 elle passe à 19,200,000 kilogrammes en 1899.

Outre le grand miroir du sidérostat et le miroir triangulaire exposé au Palais de l'Optique avec d'autres grands disques d'astronomie, l'usine de Jeumont a exposé : à la Salle des fêtes, le grand vitrail formant plafond vitré de 43 mètres de diamètre et la crête lumineuse en verre opale du Palais de l'Électricité.

Aussi, ayant ainsi manifesté de façon grandiose dans divers palais de l'Exposition, s'est-elle contentée de présenter dans la Classe 73 les produits courants de son industrie.

La manufacture de glaces de Maubeuge, constituée en 1891 et établie à Rousies et à Assevent-les-Maubeuge, fabrique des glaces polies, nues, argentées, biseautées, gravées ; des glaces brutes, des dalles polies et des dalles brutes unies.

Son installation est parfaite et l'on peut juger de la valeur de sa fabrication par les deux principales glaces exposées : une glace en blanc de 6 m. 60 × 4 m. 20 et une glace de 4 m. 40 × 3 m. 65.

L'outillage de l'usine lui donne d'ailleurs de grandes facilités pour la production des grands volumes.

La maison Appert frères, de Clichy, a exposé une glace brute coulée et colorée en rouge dans la masse et quelques glaces polies de même teinte.

Ces glaces, dont aucun spécimen de même coloration n'avait été présenté antérieurement dans une Exposition, ont été fabriquées pour l'Administration française des ponts et chaussées (service des Phares) qui, la première, a inauguré l'emploi de ces glaces dans ses appareils.

Mme veuve Boibre aîné et J. Boibre (médaille d'argent) exposent des glaces dont une de 6 m. 40 sur 4 mètres, des boules et flambeaux dont l'argenture ne laisse rien à désirer.

Les expositions étrangères sont intéressantes à plus d'un titre.

Citons les maisons AYMAT Y SEGIMON (Barcelone) [mention honorable]: MAFFIOLI (Milan); SALVIATI et Cie (grand prix): TESTOLINI frères [médailles d'argent]; Ange Toso BORELLA (Venise) [médaille d'argent]; et mentionnons spécialement :

La SOCIÉTÉ DE LA VERRERIE DU NORD, à Saint-Pétersbourg (grand prix); la SOCIÉTÉ RUSSO-BELGE POUR LA FABRICATION DU VERRE (médaille d'or), ainsi que la SOCIÉTÉ ANONYME DES GLACES DE ROUX (Belgique) [médaille d'or].

La SOCIÉTÉ DE ROUX, qui trouva le moyen, il y a plusieurs années, de réaliser le « savonnage » des glaces à la plate-forme, a inventé et appliqué à la glacerie qu'elle a fondée dans la Russie centrale l'emploi direct du naphte au chauffage des fours.

Elle produit, sans rien modifier à l'outillage courant d'une glacerie, des marmorites de toutes teintes et sans veinages. Ces marmorites sont des silicates parfaits. Elles sont homogènes et ne se fissurent pas comme les marbres. Le poli, qui leur est donné comme aux glaces, est très résistant.

Les marmorites sont inattaquables par les acides. Elles constituent des matériaux d'art, de luxe et d'utilité courante. Leur emploi est déjà répandu dans les installations d'hôpitaux modernes.

La Société de Roux expose une haute cheminée à hotte, au centre de deux panneaux formant un ensemble de 17 mètres carrés. Cet ensemble contient notamment de belles pièces de marmorite noire veinée de gris, des fonds bruns veinés de bleuâtre, des rouges foncés portant des veinages oranges très accentués, des verts foncés pailletés à reflets métalliques, des veinages verts sombres sur des fonds de teintes claires, de légers veinages mauves sur de grandes pièces blanches. Les marmorites sont facilement gravées au jet de sable.

Elles joignent à ces avantages nombreux celui d'être d'un prix qui semble devoir en assurer le développement.

SOCIÉTÉ ANONYME DES GLACERIES ET VERRERIES DU NORD, à Saint-Pétersbourg. — Ce n'est qu'en 1889 que cette usine, après de nombreux essais, put entreprendre avec succès le coulage et le polissage des glaces et produire jusqu'à 60,000 mètres carrés par an.

La Société acquit l'usine du prince Demidoff à Kalischtschi, d'une étendue de 15,000 hectares, plaines et forêts.

On y réunit toute la fabrication des glaces et verres à vitres, laissant à Saint-Pétersbourg la partie artistique.

La nouvelle glacerie de Kalischtschi a une production annuelle de 100,000 mètres carrés se décomposant comme suit :

Glace pour argenture et vitrage : 90,000 mètres carrés;

Le reste comprenant : les glaces opales, noires, bleues et marmorites de diverses teintes.

On peut y fabriquer des glaces de 24 mètres carrés.

La verrerie de Kalischtschi travaille avec un four à bassin d'une production annuelle de 1,200,000 mètres carrés.

En outre, la Société produit, avec trois fours à pots, des verres : à vitres, striés, relief, colorés, mousseline, sablés, verres coulés blancs et teintés.

L'usine de Saint-Pétersbourg s'est attaché un personnel qui s'occupe spécialement des travaux artistiques, comme les vitraux, les peintures sur glace opaline, les miroirs genre Venise, etc.

Les matériaux servant à la fabrication sont presque exclusivement de provenance russe et sont tirés en très grande partie des terrains appartenant à l'usine de Kalischtschi.

La Société occupe un personnel de 3,000 ouvriers et produit pour environ 6 millions de francs.

La Société Russo-Belge expose une glace de belle dimension et des objets en « marblite » qui lui ont valu une médaille d'or.

Enfin la Maison J. J. B. J. Bouvy (médaille d'or) a établi toute une façade moderne avec les plus grandes glaces bombées qui aient, croyons-nous, été faites jusqu'à ce jour (4 m. 50 sur 2 m. 35). A signaler le vitrail symbolique, inspiré de l'oratoire de Kenghardt, qui orne le haut de ladite façade.

VERRES À VITRES.

On peut dater du IIIe siècle l'usage du verre à vitres.

Les Romains, bien qu'ils le connussent, ne l'employèrent guère à vitrer leurs habitations. Ils usèrent surtout, jusqu'à la fin du IIe siècle, de lames légères d'albâtre translucide ou de feuilles demi-transparentes de sulfate de chaux.

C'est au VIe siècle que l'usage du verre à vitres se généralisa. D'abord réservé presque exclusivement aux édifices religieux, il prit peu à peu un grand développement et, à partir du XIIe siècle, entra dans le domaine public. Toutefois, les vitres blanches et d'un seul morceau n'ont prévalu que sous Louis XIV.

Il est superflu de constater le chemin parcouru. Rien de plus commun aujourd'hui que le verre à vitres : il est maintenant répandu à profusion et c'est ce qui explique que l'on prête assez peu d'attention aux produits exposés, bien que la fabrication du verre à vitres présente un réel intérêt et qu'on ne soit pas arrivé sans difficultés à la perfection à laquelle nous sommes maintenant habitués.

L'industrie du verre à vitres est principalement représentée, à l'Exposition, par les deux pays qui en produisent le plus : la Belgique et la France. Les fabricants de ces deux pays ont formé, pour la défense de leurs intérêts, deux organisations dénommées : l'une, Association des verreries belges, représentant la presque totalité des trente verreries installées en Belgique ; l'autre, ASSOCIATION DES VERRERIES À VITRES DU NORD DE LA FRANCE, qui comprend les treize verreries sises dans le département du Nord.

Outre ces treize verreries, il en existe, en France, dans le Midi, quatre autres de moindre importance, qui n'ont d'ailleurs pas exposé, leurs produits ne pouvant rivaliser avec ceux des verreries du Nord.

Les autres pays n'ont pas exposé de verres à vitres, et cela s'explique, en ce sens qu'ils ne sont pas exportateurs.

La France et la Belgique, au contraire, exportent leurs produits dans le monde entier : la production de la première excède de 40 p. 100 sa consommation ; celle de la seconde, des cinq sixièmes.

On jugera de l'importance de la fabrication des verres à vitres, en Belgique et en France si, la moyenne de la production d'un bassin (grands et petits réunis) étant de 800.000 mètres carrés par an, nous ajoutons que la production annuelle des verreries belges est de trente-six bassins et celle des verreries françaises de dix-sept bassins (bassins de l'Association et autres compris).

Les deux associations, belge et française, ont exposé des verres blancs de qualité sensiblement égale, sans qu'il fût possible d'accorder une supériorité aux uns ou aux autres, tant par l'importance des dimensions que par la régularité des épaisseurs, la force des feuilles, la pureté de la fonte et la beauté de l'étendage.

Il est à remarquer que les fabriques françaises qui, pour leurs emballages, étaient inférieures à leurs voisines, ont fait sur ce point de sérieux progrès.

Dans chacun des deux pays, la fabrication est obtenue dans des fours à bassin à grande dimension de systèmes absolument semblables et chauffés au moyen du gaz. Leurs étenderies, également à double effet, sont aussi chauffées par le gaz.

L'Exposition de 1889 avait trouvé la verrerie à vitres à la période de transformation des fours à gaz et à pots en fours à bassin. (Il n'est pas sans intérêt de noter, en passant, que cette transformation a abouti à une diminution du prix de revient qui a atteint le fabricant en ce sens que cette diminution a correspondu à un abaissement considérable du prix de vente.)

Un grand nombre d'usines étaient encore, à cette époque, occupées à transformer leurs fours ; les autres qui avaient achevé la modification n'étaient pas sorties de la période des tâtonnements.

Depuis 1889, la transformation s'est partout accomplie, les appareils ont été perfectionnés et c'est précisément cette presque uniformité des appareils qui explique l'uniformité de fabrication que nous signalions plus haut.

La France qui, il y a onze ans, ne possédait que quelques verreries ayant des fours à étendre à double effet et à gaz, voit à présent toutes ses usines munies de fours à étendre, chauffés par le gaz et presque tous ces fours sont à double effet.

La fabrication, au point de vue de la main-d'œuvre, n'a pas varié depuis 1889 : seuls les appareils ont subi les modifications dont nous venons de parler.

Nous avons voulu nous rendre compte aussi de la question du prix de revient, et force nous a été malheureusement de constater que si, relativement aux appareils, les deux pays sont également montés, le rendement de l'ouvrier est de beaucoup supérieur, en Belgique, à celui de l'ouvrier français.

C'est là une cause évidente et regrettable d'infériorité dans le prix de revient pour les fabricants français.

Aussi n'arrivent-ils à exporter la quantité que nous avons citée (distancés de beaucoup par leurs concurrents belges) que grâce à leur groupement en association, celle-ci ayant justement pour but, par le fonctionnement d'une caisse dite *d'exportation*, d'indemniser les fabricants qui vendent leur excédent à l'étranger, presque toujours avec perte, rarement en joignant, comme l'on dit, les deux bouts.

C'est là ce qui constitue la différence existant entre l'Association des verreries à vitres du Nord de la France et l'Association des verreries belges, cette dernière n'ayant été fondée qu'en vue de réunir les fabricants pour qu'ils s'entendent plus aisément sur leurs intérêts généraux.

VERRES À VITRES DE COULEUR.

L'exposition collective des maîtres de verreries Belges comprenait, en sus des verres blancs, des verres de couleur des teintes les plus variées.

Parmi les fabricants français, la maison APPERT frères, de Clichy, avait exposé des spécimens de verres à vitres de couleur des teintes les plus variées et destinés à des usages multiples, tels que les verres blancs, extra-blancs et teintés pour la lunetterie, les verres pour l'astronomie et l'électricité, les verres pour signaux de chemins de fer, sémaphores, etc., les verres pour les vitraux et reproductions de vitraux anciens.

La maison Appert frères, en collaboration avec M. Steinheil, M. Leprovost et M. Tournel, depuis vingt-cinq ans, aide à la restauration des vitraux des principales églises et basiliques de France et de l'étranger.

M. Léon Appert, dont la compétence est assise aussi bien à l'étranger qu'en France, avait été nommé expert de la classe 67 (vitraux), à la demande unanime des membres du jury de cette classe.

L'Association française n'a point exposé de verres de couleur, mais l'un de ses membres, MM. Hug frères et P. Membré (médaille d'argent), qui a une usine spéciale pour cette fabrication, a présenté de très beaux produits pouvant rivaliser avec ceux de Belgique. Il est d'ailleurs un des rares fabricants français qui fassent cet article.

La verrerie à vitres était représentée dans le Jury par M. Paul Havez, président de l'Association des verreries à vitres du Nord de la France.

BOUTEILLES.

Les différents ouvrages qui ont été publiés sur l'art de la verrerie négligent généralement la fabrication des bouteilles.

Peut-être a-t-on trouvé cette fabrication trop peu artistique. Cependant, il est permis de dire que les premiers verriers, très inexpérimentés, ont dû produire d'abord des objets d'une forme quelconque. Forcément l'outil avec lequel ils cueillaient le verre devait être un tube en métal auquel on a donné le nom de « canne », ainsi qu'elle est représentée par les peintures des hypogées de Beni-Hassan, représentant des verriers thébains soufflant des objets en verre.

C'est à l'extrémité de cette canne que se trouvait le verre retiré du creuset par le verrier de cette époque. En soufflant dans cette masse de verre, elle prenait naturellement la forme d'une sphère creuse qui s'allongeait plus ou moins selon qu'on maintenait la canne dans la position horizontale ou dans la position verticale. Lorsqu'on maintenait cette sphère pendant un certain temps dans la position verticale, elle s'allongeait et devenait cylindrique.

Pour empêcher ce cylindre de s'allonger outre mesure, on était obligé de l'appuyer sur le sol, de là la naissance du vase cylindrique, qui n'est autre chose que la bouteille de nos jours, avec la différence toutefois que la forme en a été régularisée par l'emploi de moules de plus en plus parfaits que nous décrirons plus loin.

On peut donc ajouter une hypothèse nouvelle à celles existant sur l'origine du verre; c'est que les premiers verriers ont dû commencer par fabriquer des bouteilles avant de songer à produire des vases; en un mot, avant de se livrer à la production de la verrerie d'art.

D'ailleurs en nous reportant aux auteurs et particulièrement à l'ouvrage si complet de M. Henrivaux, le savant directeur de la Glacerie de Saint-Gobain, *Le verre et le cristal*, nous trouvons que l'usage de la bouteille remonte à l'époque la plus reculée : l'Égypte nous a laissé des bouteilles; les Romains se servaient de bouteilles. A Athènes, à Rome, dans la Gaule, chez les gens aisés, on plaçait sur la table des carafes et des bouteilles pour l'eau et le vin.

La bouteille obtenue par les procédés primitifs a dû forcément être fabriquée d'une façon très irrégulière pendant bien des siècles, nous en avons d'ailleurs la preuve par les nombreux spécimens exposés dans les Musées.

Plus tard, on est arrivé à la perfectionner en employant des moules cylindriques en argile.

On donnait à ces moules une forme concave; l'ouvrier après avoir moulé la bouteille la relevait en appuyant l'extrémité de la canne sur le sol et faisait la piqûre au moyen d'un instrument qu'on appelait « molette »; ensuite il rebrûlait le col tout simplement, pour éviter que la cassure ne restât coupante.

Plus tard, on a orné le bout du col d'un petit cordon de verre qu'on appelait bague, ce qui, en effet, était bien le mot propre puisque, le goulot étant rond, le cordon de verre ainsi adapté ressemblait parfaitement à une bague.

Au moule de terre on substitua, principalement dans le Nord de la France, le moule de fonte qui permettait d'activer le travail en augmentant la production. En effet, la fonte étant bonne conductrice de la chaleur, elle refroidissait plus rapidement le verre en contact avec les parois du moule, et l'ouvrier pouvait produire davantage dans le même laps de temps.

C'est surtout vers 1850 que la fabrication des bouteilles a commencé à entrer dans la voie des perfectionnements : aux cols irréguliers, on a substitué, au moyen de la « tranche », des cols cylindriques et réguliers ; aux épaules difformes et allongées, on a donné la forme pommée de la bordelaise ou la forme « en poire » comme la bourguignonne, ou aplatie assez régulièrement comme la bouteille normande, se rapprochant le plus de la bouteille primitive qui se trouve au château de Saint-Germain (Henrivaux, *Verre et cristal,* page 463) ; néanmoins l'emploi de la molette occasionnait des bourrelets disgracieux et gênants parfois pour l'empilage des bouteilles, et des fonds de travers qui ne permettaient pas de la poser perpendiculairement.

C'est pour obvier à ces inconvénients de forme et de contenance irrégulières que beaucoup de verriers cherchèrent pendant longtemps un moule complètement fermé dans lequel on introduirait la paraison et d'où on la retirerait transformée en bouteille complètement terminée, sauf la bague.

Les verriers allemands se servaient déjà de moules fermés en bois pour la fabrication des flûtes à vin du Rhin. Ils adoptèrent ensuite des moules en fonte avec fonds également en fonte, mais avec ailettes pour que la partie convexe destinée à faire la piqûre conserve sa malléabilité plus longtemps que la partie cylindrique, en contact constant avec le métal, bon conducteur de la chaleur.

La paraison, une fois introduite dans le moule, étant soumise à un mouvement de rotation ou de va-et-vient, la partie convexe qui se trouvait alternativement dans le vide, ou en contact avec les ailettes du métal, se refroidissait plus lentement. Au moyen d'une pédale que l'ouvrier faisait fonctionner avec le pied, la piqûre remontait dans le moule en refoulant à l'intérieur la partie restée malléable et formait ainsi une piqûre très régulière. Ce sont les bouteilles allemandes moulées de cette façon qui ont donné à la fabrication française un vigoureux élan dans la voie des perfectionnements.

Nous ferons remarquer ici : 1° que le système de travail allemand différait du procédé français par la « paraison » que l'on arrondissait au bloc « sans boudine » (petit bouton de verre froid qui se trouvait à l'extrémité de la paraison) tandis qu'en France, on la façonnait « au marbre » avec une boudine. (Le marbre est une plaque de fonte sur laquelle on arrondit le verre et sur l'arête de laquelle se façonne le col en tournant la paraison de droite à gauche et de gauche à droite, de façon à former une partie cylindrique à partir du bout de la canne.)

2° Que le col de la bouteille allemande était moulé, tandis que le col de la bouteille française était fait par la « tranche » en même temps que la paraison.

Cette « boudine » de la bouteille française et le « col » qui était forcément moins régulier, lui constituaient cependant une marque de fabrication qui a toujours été très utile au commerce des vins en bouteilles, car ils donnaient, et donnent encore, aux vins ainsi exportés, leur véritable cachet d'origine.

Il s'agissait donc de trouver un moule fermé qui aurait donné à la bouteille française la régularité de forme, de contenance, de piqûre, de col, tout en lui conservant cette « boudine » qui laissait à la fabrication française son caractère particulier en même temps qu'une plus grande solidité. C'est du Midi de la France qu'est venue cette invention. M. Cahue, de Bordeaux, avait imaginé un moule tournant avec fond de terre qui fut mis en application dans les Verreries de Dorignies (Nord), dès 1874.

Presque à la même époque, divers moules non tournants ont été brevetés : tels sont les moules Aupêcle, Tronchet et Cash, avec fond de terre, le moule E. Houtart, avec fond partie en métal, partie en terre.

Le moule tournant, système Boucher, actionné au moyen d'un moteur était entièrement métallique, mais les parois portaient des rainures hélicoïdales et le fond était à claire-voie.

Les verreries du Lyonnais se servaient du moule allemand tout en métal; ce fut M. Hutter qui, le premier, inaugura cette fabrication à Rive-de-Gier.

En Allemagne, le moule en métal avec fond à ailettes étaient couramment employé, ainsi qu'en Autriche, en Belgique, en Suède et en Hollande.

Les verreries anglaises employaient et emploient toujours le moule en fonte, moule qui ne leur permet pas d'obtenir des piqûres aussi fortes que celles des bouteilles françaises et allemandes.

La fabrication des bouteilles, dès cette époque, avait réalisé un réel progrès, mais on n'avait pu jusque-là supprimer le soufflage des bouteilles, les travaux pénibles qui l'accompagnent, enfin les inconvénients qui en résultaient au point de vue humanitaire pour les ouvriers verriers.

C'est à la suite d'une grève survenue à la verrerie de Cognac, chez M. Boucher, que ce dernier problème a été enfin résolu. Ayant fermé définitivement son usine à la suite d'une mise à l'index de la Fédération des ouvriers verriers, M. Boucher se mit à l'œuvre pour tâcher d'arriver à fabriquer les bouteilles mécaniquement.

Le résultat était d'autant moins assuré que d'autres inventeurs avaient échoué complètement dans leurs essais.

Dans ce nombre se trouve M. Ashley qui avait imaginé une machine pour la fabrication des bouteilles à fond plat. Cette machine, essayée d'abord en Angleterre, le fut également dans plusieurs verreries du Nord de la France, notamment à celles d'Escaupont en 1890, et de Dorignies en 1896, sans qu'il ait été possible d'obtenir des résultats satisfaisants dans aucune de ces verreries.

M. Vernay, de Bordeaux, avait fait breveter une machine qui fut essayée également dans plusieurs verreries sans le moindre succès; d'abord à Lyon, puis à Folembray, à Paris, à la verrerie de Denain, pendant plusieurs mois, sans qu'il ait été possible d'obtenir une seule bouteille.

La machine Maussier, de Saint-Galmier, ne donna pas de meilleurs résultats dans les essais faits à Lyon.

Ces nombreux insuccès avaient persuadé le public et même les verriers qu'on ne parviendrait jamais à fabriquer les bouteilles mécaniquement. Cependant les essais entrepris à cet effet par M. Boucher en 1894, dans sa verrerie de Cognac, ont été couronnés de succès après trois années de persévérance, de travail acharné et de dépenses coûteuses. Depuis trois années, il fabrique dans un four à bassin à travail continu des millions de bouteilles qu'il livre au commerce.

Dans son exposition, M. Boucher exhibe des bouteilles de toutes formes, notamment des embouchures qu'on ne pourrait obtenir à la main. En un mot, c'est là une fabrication qui atteindra bientôt la perfection.

Le Jury, à l'unanimité, reconnaissant que M. Boucher avait *le premier* résolu le difficile problème de la fabrication mécanique des bouteilles, reconnaissant également le service rendu par cet inventeur à l'industrie verrière et à l'hygiène des ouvriers verriers, lui a décerné un grand prix.

C'est avec le moule fermé à fond de terre que la plupart des bouteilles figurant aux expositions des fabricants de champenoises, de Saint-Galmier et de la verrerie d'Arques, ont été fabriquées. Celles de la verrerie de Denain ont été faites dans le moule avec fond partie en métal, partie en terre.

Les produits des Verriers champenois sont d'une fabrication irréprochable ; finesse de verre, fini des embouchures, répartition, rien ne laisse à désirer ; il eût été difficile au Jury de faire un classement sans se livrer à une enquête commerciale de plusieurs mois ; on a préféré leur accorder une récompense collective : un grand prix.

La Société anonyme de la Verrerie de l'Établissement des eaux minérales de Saint-Galmier (médaille d'argent) exposaient des bouteilles à eaux minérales, d'un fini moins irréprochable que les bouteilles champenoises ; l'ensemble de cette exposition est cependant très satisfaisant. La production des Verreries de Saint-Galmier est d'environ 15 millions. Le Jury leur a accordé une médaille d'argent.

La Verrerie d'Arques appartenant aujourd'hui à M. G. Barrez (médaille d'argent) expose une variété de bouteilles spéciales très réussies : embouchures, répartition du verre, solidité, fini de la fabrication, rien ne laisse à désirer. Cette usine produit annuellement 3 à 4 millions de bouteilles.

L'exposition de la verrerie de Denain (Nord) appartenant à MM. Eug. Houtart et Cie (hors concours) est remarquable par la variété de ses produits :

Grand assortiment de bouteilles de toutes teintes ;

Une bouteille moulée de 135 litres, qui est un véritable tour de force, étant donné que le verre à bouteilles se glace beaucoup plus promptement que le verre de gobe-letterie et qu'il faut le souffler beaucoup plus rapidement ;

Les barils en verre ;

Les bonbonnes de 60 à 80 litres sont aussi des pièces d'une grande difficulté de fabrication ; bref cette usine qui a été la première à installer les fours à bassin du système Siemens dans le Nord où, plus que dans les verreries du Midi, il fallait obtenir du verre d'une grande pureté pour la fabrication des bouteilles destinées aux grands vins du Médoc, lesquelles ont été pendant de longues années presque exclusivement fournies par les verreries du Nord, a exposé des produits qui dénotent une excellente fabrication. Cette usine produit, avec quatre fours à bassin, environ douze millions de bouteilles annuellement, et a obtenu les plus hautes récompenses dans les grandes Expositions internationales; elle était cette année hors concours à cause de la nomination de son gérant comme membre du Jury.

En résumé, la Section française est incontestablement supérieure de beaucoup aux Sections étrangères, en ce qui concerne la fabrication des bouteilles.

Il ne nous pas été possible d'obtenir les renseignements statistiques des pays étrangers sur leur production; nous nous bornerons donc à dire qu'en France il se fabrique 260 à 275 millions de bouteilles, qu'il s'en exporte environ 60 millions, que cette industrie occupe 14 à 15.000 ouvriers, dont le salaire moyen est de 6 à 7 francs par jour.

Il convient de mentionner comme dignes de remarque à des titres divers les expositions de bouteilles pour vins mousseux, de MM. CHARBONNEAUX et Cᵉ, à Reims; BERGER-LORD et Cⁱᵉ, à Anor; DEVIOLAINE et Cⁱᵉ, à Vauxrot (Aisne); GIVELET et Cⁱᵉ, à Courcy (Marne); Ch. DE GRANRUT, à Loivre (Marne); Louis DE GRANRUT, aux Islettes (Meuse); MULAT, LEGRAND et Cⁱᵉ, à Fourmies (Nord); POULLY DE BRIGODE, à Folembray (Aisne); SOCIÉTÉ DES VERRERIES D'HIRSON (Aisne); Léon TASSIGNY, à la Neuvillette (Marne); TUMBEUF neveu et Émile NEVEU, à la Vieille-Loye (Jura).

Les expositions étrangères, peu nombreuses, n'ont qu'une importance relative.

Nous ne voyons guère à tirer de pair que les bouteilles avec bouchons à vis de RYLEY MANUFACTURING COMPANY LIMITED, à Londres (médaille d'or), qui sont fort réussies.

VERRERIE ET GOBELETTERIE DE VERRE.

L'exposition des VERRERIES ET CRISTALLERIES DE SAINT-DENIS ET DES QUATRE-CHEMINS (grand prix) au Palais des Invalides, à la Classe 73, est très remarquable : elle occupe trois grands comptoirs.

Ces usines sont en progrès constants depuis 1859, date de leur création, mais c'est surtout depuis l'entrée de M. Legras, en 1864, que la fabrication a pris une réelle extension et que cette importance a été sans cesse en s'accroissant.

L'usine actuelle compte 6 grands fours de fusion et 1 petit four à 8 creusets pour les verres de couleur, soit 7 fours.

Au commencement de 1897, la Société dirigée par M. Legras, a acquis et réorganisé la verrerie de M. Vidie, à Pantin. Il y a dans celle-ci 3 grands fours de fusion en activité.

Les articles fabriqués par les usines de Saint-Denis consistent surtout en verreries pour laboratoires de chimie : c'est une spécialité de la maison. Puis les bocaux, les vases pour les pharmacies, le flaconnage en tous genres, les récipients de toutes formes et grandeurs pour drogueries, épiceries, confiseries, les flacons pour conserves de fruits «supportant l'ébullition», les bouteilles verre blanc et de couleurs fines pour distillateurs et liquoristes, les carafes fantaisies riches et ordinaires.

Puis encore les services de table (tout en fabriquant les objets usuels, la spécialité de l'usine est le genre des services de table «vénitiens» en couleurs variées, unis et décorés) et aussi les cabarets, verres d'eau, etc.

Enfin, les articles de «fantaisie», les cristaux et verres aux couleurs les plus diverses, les vases, jardinières, bonbonnières, gravés et surtout décorés de mille façons.

La fabrication des articles décorés, commencée il y a une vingtaine d'années, a pris une grande extension.

A l'usine de Pantin, on fabrique plus spécialement les articles suivants :

Siphons à eaux gazeuses, bouteilles blanches de toutes formes, spécialité de bouteilles à lait à inscriptions gravées et décorées, les carafes et bouteilles réclames, la verrerie pour services de table, pour cafetiers, limonadiers, pour les hôtels, la verrerie décorée en verre de couleur, les articles courants.

Dans cette exposition, nous devons signaler spécialement deux grandes cornues tubulées semblables entre elles et contenant chacune 145 litres. Le verre de ces cornues est très pur et très blanc, ces deux pièces sont d'une forme irréprochable. Pour les objets de ce genre et de cette grandeur il est excessivement difficile d'obtenir deux pièces en tous points semblables. Ces cornues sont fabriquées en verre spécial, elles peuvent être, sans danger de casse, chauffées à une assez forte température.

De grands flacons bouchés à l'émeri, bouchage complètement hermétique.

De grands vases pour devantures et des objets de tous genres pour installation de laboratoires et de pharmacies.

Toutes ces pièces sont remarquables par leur bonne forme, le fini de la fabrication, la pureté et la blancheur du verre.

A la suite de cette verrerie blanche, il y a lieu de remarquer la gamme des vases à fleurs en forme de cornet, aux couleurs diverses. Jusqu'alors on n'avait pu souffler d'aussi grandes pièces; le plus grand de ces cornets a 2 m. 50 de hauteur.

En passant, nous voyons exposés : des cristaux de rubis oriental qui prouvent la possibilité d'obtenir en four de verrerie la plus grande partie des pierres précieuses naturelles tels que : le rubis oriental, le rubis spinelle, le saphir, l'émeraude. On peut arriver à produire ces pierres en leur donnant la même composition chimique, la même densité et la couleur exacte des pierres naturelles.

Sur les deux vastes comptoirs placés au centre de la Classe 73, les verreries et cristalleries Legras et Cie ont rassemblé les divers genres de verreries décorées qui sont sorties de leurs ateliers de décor depuis l'Exposition universelle de 1889.

Les usines de Saint-Denis ont déployé un grand effort en fait de décoration qui est représentée à leur exposition par diverses formes de boules à fleurs et de vases en verre blanc décorés en style Louis XV et style Louis XVI avec des ors en relief, puis des vases de style Empire avec médaillons où sont reproduits les personnages les plus célèbres de l'époque.

Ce sont ensuite des décorations touchant à l'art moderne que l'on trouve d'abord sur des formes multiples en une teinte de verre ancien dénommé « vert nil » dont la matité obtenue par l'acide rend pour ainsi dire chaque pièce plus discrète dans son motif décoratif.

Après, nous voyons une autre teinte vert clair où, sur de nouvelles pièces de diverses formes, aux lignes simples, viennent se découper en des ors aux tons chauds, la variété la plus complète du chrysanthème japonais.

Ailleurs, ce sont des pièces aux formes décoratives en verre blanc granité où sont jetées des fleurs peintes sur émail dont les tons sont habilement fondus.

Enfin, nous trouvons des verreries au ton héliotrope opalisé par le haut, où sont jetées, sur une écorce de verre rugueusement givrée, des décorations « modern style » d'un grand effet, tout en restant dans une note discrète.

Comme pièces remarquables, nous citerons un premier vase de forme décorative ayant o m. 6o de hauteur en verre fumé, décoré d'une course d'iris, sur fond nimbé d'or légèrement patiné; un second vase de même forme, d'une composition décorative bien comprise, représentant des grenades aux tons vifs; puis, un vase à long col, de couleur opaline, où est peinte une chute de feuilles d'un jour d'automne; puis un bouquetier de o m. 75 de haut, en opaline au ton changeant, au col élancé et étroit, prêt à recevoir la branche d'une orchidée, décoré de houx de mer, avec autour du col, un enlacement de vagues écumeuses.

A côté, nous voyons un joli vase de forme étroite et élancée, ayant reçu comme décoration, la plante dite « dents de lion » d'où s'élance, au milieu de ses feuilles, la fière chandelle légère et flexible, le tout obtenu par incrustation d'or, d'un effet très délicat.

Nous remarquerons spécialement plusieurs jolies pièces imposantes par leur hauteur exceptionnelle sur lesquelles, comme décor, se profilent, sur un fond formé des pics agrestes de la Suisse Bernoise, des réunions de sapins formant, par les différents plans d'où on les aperçoit, des vallonnements d'un heureux effet qui constituent, pour chacune des pièces ainsi décorées, un agréable paysage. Cette sorte de décoration nouvellement créée, en vue de l'Exposition de 1900, est, croyons-nous, appelée à un légitime succès.

Nous voyons encore deux grands vases dans des tryptiques qui se détachent de cette belle exposition; l'un d'eux représente le crucifiement, l'autre la descente de croix d'après les originaux peints par James Tissot pour sa *Vie de Jésus*.

Ces pièces, si belles de composition, de groupement, de modelage, de peintures et de orures aux tons changeants, n'ont été obtenues qu'après cinq feux de moufles successifs.

Puis enfin, comme couronnement, le vase *Le triomphe de la République*, de vastes proportions, placé au sommet de la colonne de repos, au centre du salon de MM. Legras et Cⁱᵉ, lequel représente les bustes des sept présidents de la République, dont quelques-uns sont d'une frappante ressemblance. On comprendra les difficultés de mener à bien une œuvre pareille, lorsque l'on saura que les bustes sont peints sur émail, et que cette imposante pièce a subi cinq feux de moufles.

En terminant, nous devons dire un mot des articles bon marché décorés avec goût, variés à l'infini, de formes, de couleurs et de genres de décoration qui popularisent les productions artistiques de ces usines.

C'est par la vulgarisation de ce genre de décoration du mobilier que la maison Legras et Cie est surtout à signaler.

Il y a lieu aussi de tenir compte que les verreries de Saint-Denis ont été les premières. il y a près de vingt ans, à entreprendre ce genre de décoration, et qu'elles luttent aujourd'hui avec avantage contre les produits similaires étrangers.

MM. Legras et Cie se sont offerts avec M. Landier, sur le désir témoigné par l'administration de l'Exposition et la demande qui leur a été faite par le comité d'installation de la Classe 73, à faire les frais d'installation d'une petite usine dans l'intérieur de l'Exposition.

Dans cette usine, très visitée du public, les ouvriers que MM. Legras et Cie ont détachés de leurs usines de Saint-Denis, soufflent et travaillent une grande variété de pièces en verrre blanc et en verres de toutes couleurs.

On remarque, dans cet atelier, les soufflets à air comprimé qui sont adaptés au banc des ouvriers verriers. Ce système est le plus simple qui ait été mis en pratique jusqu'à ce jour; il ne nécessite pas l'emploi de force motrice et se transporte à volonté; une simple pédale sur laquelle l'ouvrier appuie légèrement le pied donne l'air nécessaire pour souffler la pièce que l'ouvrier travaille. Avec ce système aussi simple que pratique, l'ouvrier n'est plus obligé de souffler son verre avec la bouche.

Un atelier tout moderne destiné à couper et rebrûler le verre par le gaz a été installé à côté des fours.

C'est aussi la maison Legras et Cie qui, en collaboration avec la glacerie de Saint-Gobain, a fourni une partie de la verrerie qui a été employée à la construction du Palais lumineux : grandes coquilles soufflées des rampes d'escalier, colonnades des balcons, etc.

L'usine minuscule qui se trouve au rez-de-chaussée de ce Palais a été installée par MM. Legras et Cie, pour le compte de la société du Palais lumineux ; ce sont aussi des ouvriers pris pour cette petite usine dans les usines de Saint-Denis qui travaillent le verre sous les yeux du public.

Verreries de Saint-Ouen. — L'exposition des Verreries de Saint-Ouen est de celles qui font le plus d'honneur à la fabrication française. Aussi leur a-t-elle valu une médaille d'or. Nous nous plaisons à constater la limpidité et la blancheur du verre de ces usines.

Ces qualités trouvent leur application dans les carafes à siphons et appareils pour eaux gazeuses, articles pour limonadiers et liquoristes, services de table et autres.

Comme articles de fantaisie notons les verreries en couleurs doublées, gravées à l'acide et à la roue, s'appliquant aux vases et services divers.

CRISTALLERIES.

La Cristallerie de Sèvres. A. Landier et fils (hors concours), dont la fondation remonte à Louis XV. qui a obtenu le grand prix, la croix de la Légion d'honneur et trois médailles : or, argent et bronze pour ses collaborateurs, expose en trois endroits différents à l'Exposition de 1900 :

1° Au pont Alexandre III. les cristaux de style qui ornent les lanternes des candélabres du pont ;

2° Aux Invalides, un atelier de cristallerie en activité;

3° Aux Invalides également, Classe 73, Groupe XII, une vitrine garnie de cristaux représentant les différents genres de sa fabrication.

Les cristaux qui garnissent les candélabres de bronze du pont Alexandre III sont, croyons-nous. uniques dans leur genre, car nous ne pensons pas qu'on ait jamais déployé un tel luxe de cristal pour l'éclairage public. Sertis dans leur cadre de bronze, leurs profils bombés et sinueux donnent aux lanternes qui les revêtent la légèreté qu'elles empruntent à leur transparence.

Tous ces cristaux portent des motifs de décoration qui ne sauraient être mieux appropriés à l'usage auquel ils sont destinés. C'est ainsi que les uns sont ornés de soleils de style avec leurs rayons flamboyant dans tous les sens; les autres établis sur les lanternes des fermes du pont reflètent dans le fleuve leurs coquilles marines et leurs feuilles d'eau.

Enfin ce sont encore les cristaux de Sèvres qui prêtent leur transparence aux fleurs de jonc lumineux qui ornent les cartouches du centre du pont et les candélabres des pyramides.

La difficulté consistait principalement à obtenir un moulage parfait de ces différents motifs et à tirer le meilleur parti de leurs effets lumineux à l'aide d'un cristal brillant et réfringent. MM. Landier et fils ont atteint ce but; il a fallu faire œuvre de minutieuse et longue patience pour ajuster un à un chacun des innombrables morceaux qui ornent les candélabres du pont Alexandre.

Désireux de faire une démonstration publique de la fabrication du cristal, MM. Landier et fils n'ont pas hésité à prendre part à la construction, aux Invalides, adossée aux Palais de la céramique et de la verrerie, d'une petite usine où s'opèrent la fonte et la fabrication du cristal et du verre.

Un four à gaz fond sous les yeux du public le cristal blanc et le cristal de couleur, tandis qu'une équipe d'ouvriers verriers façonne la matière sortant des creusets, en lui donnant les formes et les contours les plus variés. Des fours à recuire brûlent à côté des fours de fusion. Aucune démonstration n'y est oubliée, on y voit même tailler le cristal par un atelier complet dont les tours sont actionnés, à la façon moderne, par un moteur électrique.

MM. Landier et fils ont pensé qu'il n'était pas superflu de faire connaître d'une façon complète cette industrie du cristal généralement assez ignorée des curieux; c'est pourquoi ils ont tenté de réunir dans cette petite usine tous les procédés modernes connus, afin de vulgariser davantage, si possible, cette intéressante partie de l'industrie française.

La vitrine de la cristallerie de Sèvres renferme plusieurs pièces intéressantes, véritablement dignes de fixer l'attention du visiteur.

Ce sont d'abord des cristaux artistiques dont chacun est la réalisation d'une idée voulue. Quatre et même cinq couvertes, chacune de couleur différente, sont parfois superposées et concourent ensemble à produire un harmonieux effet. L'artiste les a recherchées et fouillées une à une avec sa meule, laissant libre cours à sa fantaisie. Les unes à peine découvertes se devinent par place sous une demi-transparence, les autres, tout au contraire, forment, çà et là, d'éclatantes saillies et servent à modeler le relief des feuilles ou les pétales des fleurs.

Nous citerons tout particulièrement un vase polychrome avec personnages roses encadrés d'arbres dont la verte frondaison se découpe sur le ciel bleu. C'est une sculpture et un paysage tout à la fois.

Non moins réussis sont aussi ces vases où l'on a pu, non sans quelque patience, modeler un bouquet de quatre fleurs, chacune de coloris différents placés dans les épaisseurs de la masse du cristal.

Il faut citer également, comme nouveauté et haute fantaisie, les deux séries de services de table, dont les verres à tiges élevées imitent des fleurs en tulipe. Colorés à plusieurs couches de cristal superposées, les détails finement gravés, donnent des tons veloutés très variés et parfaitement fondus. L'exécution de ces pièces présente de véritables difficultés de fabrication, autant par leur légèreté que par l'application des diverses couches de cristaux de couleur et de la gravure.

Notons encore au passage quelques cristaux d'art moderne, de colorations assez heureuses, et quelques imitations de verres anciens dont les irisations sont d'une remarquable intensité.

La partie cristal blanc de la vitrine de la cristallerie de Sèvres offre des spécimens intéressants. Elle comporte des séries inédites de services de table : leurs tailles creuses et profondes comme de la ciselure en font ressortir l'irréprochable blancheur. Des coupes s'en trouvent étincelantes, jetant en tous sens les feux de leurs diamants et de leurs étoiles, entre les brocs à cabochons rubis taillés en roses, tandis que, plus modestes en leur éclat, avec leurs tons fondus et flatteurs, quelques notes fantaisistes de jade rappellent les teintes si appréciées des amateurs de la pierre divine des Chinois.

Enfin, au pied de l'escalier qui conduit à l'exposition de la verrerie, on remarque deux vases en cristal blanc taillés diamants bambous de 0 m. 80 de hauteur; et, plus loin, à l'entrée même de l'exposition de la céramique, un magistral candélabre mesurant 4 m. 50 de hauteur : ces pièces sont la propriété de MM. Landier et fils qui les ont gracieusement offertes au comité de la verrerie pour décorer l'entrée de la Classe 73.

La Cristallerie de Pantin (grand prix) a été créée, en 1851, par M. Monot, un des ouvriers de la cristallerie de Lyon. Elle est actuellement entre les mains de MM. Stumpf, Touvier, Viollet et Cⁱᵉ.

Les produits sont remarquables par leur blancheur et leur éclat aussi bien dans les petites pièces que dans les plus grandes dimensions, telles que :

Les grands vases Empire, le guéridon, dont certaines parties atteignent le poids de 40 kilogrammes;

Les vases Louis XVI faits d'une seule pièce (la taille ouvragée ne laisse rien à désirer malgré la difficulté que l'on éprouve à manier des pièces de cette importance);

Les services de style;

Le lustre style Empire, dont chaque détail est de forme absolument inédite;

Le lustre (reproduction de l'œil-de-bœuf de Versailles) composé de fruits imitant le cristal de roche dans sa blancheur et son givre naturel;

Les pièces de lustrerie fabriquées spécialement pour l'industrie des bronzes d'éclairage, et dont quelques-unes présentent de réelles difficultés de fabrication.

A remarquer la diversité des couleurs : rouge chine, jaune soleil, rouge au cuivre dans la masse, les imitations d'ivoire, de jade, marbre, onyx, pour ne citer que celles qui sont exclusives: puis l'opale orienté enrubanné d'aventurine, donnant de très jolis effets nacrés;

Les imitations de pierres fines;

Le métallisé avec des variations de nuances, appliqué aux différentes pièces de fantaisie et surtout aux réflecteurs d'éclairage;

Le craquelé métallisé (ces genres d'irisations sont complètement inattaquables aux acides, sauf à l'acide fluorhydrique, car ils sont obtenus dans la pâte même du cristal pendant la fabrication et ne peuvent être confondus avec ceux produits par le décor, au moufle);

Les ampoules de lampes à incandescence qui sont, à cause des nuances, très recherchées dans l'éclairage électrique en France et à l'étranger.

Nous citerons encore :

Le granité dit « Carthage » présentant des flammes avec des tons changeants du plus curieux effet. Obtenu dans la fabrication même, il n'est l'objet d'aucune application ou décor; on le voit donc tel qu'il sort des mains du verrier.

Dans cette nuance un grand vase contenant une plante d'ananas entièrement en cristal reproduit le coloris naturel de ce fruit et de ses feuilles.

On remarque également là une nouveauté due à M. J. Henrivaux et réalisée par M. Touvier : un médaillon-portrait en verre blanc opaque soudé sur fond bleu de Sèvres, le tout maté, gravé à l'acide. C'est la réalisation de cette idée au moins originale, faire du Sèvres en verre ou en cristal.

A la suite de recherches patientes, la cristallerie de Pantin est arrivée à obtenir l'aventurine par potées de 400 à 500 kilogrammes permettant une fabrication régulière et pour des pièces même volumineuses.

En résumé et dans la limite des préoccupations inhérentes à toute entreprise, cette usine a fait de réels efforts pour maintenir son industrie dans la voie du progrès.

La Cristallerie de Choisy-le-Roy (médaille d'or) a été installée sur l'emplacement de l'ancienne usine où, depuis 1820, on fabriqua successivement le verre à vitres, la gobeletterie et les cristaux trempés.

MM. Léon et Jean Houdaille s'en rendirent acquéreurs et y montèrent la fabrication des services de table et des articles de fantaisie.

En 1898, MM. Houdaille s'associèrent avec M. Triquet, ingénieur des arts et manufactures, qui transporta à Choisy-le-Roi la fabrication de l'usine qu'il avait fondée à Asnières deux ans auparavant et qui consistait principalement en ampoules pour lampes à incandescence. Cette fabrication a pris un développement considérable. La cristallerie de Choisy-le-Roi produit actuellement 30 à 35,000 ampoules par jour, ce qui lui permet d'alimenter les principales fabriques de lampes à incandescence du continent. Ce résultat a été obtenu par l'emploi d'un tendeur de moules mécanique dont l'invention est due à M. Jean Houdaille et qui a été breveté en France et à l'étranger.

Une autre branche non moins importante est la fabrication d'articles pour l'architecture et les différentes applications de l'éclairage électrique.

L'usine de Choisy-le-Roi comprend des ateliers de tirage de tubes, taillerie, gravure à l'acide et au sable, coupage et rebrûlage au gaz, poterie avec broyage mécanique des terres, moulerie, etc. La force motrice employée est de 50 chevaux. La halle contient 3 fours (un quatrième est en construction). Le personnel se compose d'environ 350 ouvriers et ouvrières.

Parmi les produits exposés nous remarquons : de nombreuses séries de services de table riches dont quelques-uns de pur style empire; des verres d'eau et cabarets sur plateaux à anse ou à oreilles de formes entièrement inédites; et quantité de pièces en cristal taillé ou gravé (garnitures de toilette, coupes, saladiers, etc.), ainsi que quelques vases de fantaisie indiquant les couleurs fabriquées à Choisy-le-Roi (métallisé, rosothéa, etc.);

Deux grands vases de style Empire mesurant 1 m. 20 de hauteur;

Deux torchères-appliques également de style Empire disposées pour l'éclairage électrique;

Une grande coupe montée sur un soubassement en cristal taillé;

Un lustre art nouveau composé de quatre grandes vagues en cristal supportées par des sirènes en bronze et surmontées de cascades et retombées d'eau également en cristal (bronze de M. H. Vian);

Une vague déferlant (en cristal teinté) avec sujet (bronze de M. Blot).

Ces dernières pièces sont remarquables par les difficultés de fabrication qu'elles présentent.

La Maison du Grand Dépôt (médaille d'argent), fondée en 1863 par M. Émile Bourgeois, ne s'occupe que de la vente des produits de la céramique et de la cristallerie; elle a néanmoins été admise et récompensée à de nombreuses expositions.

Si la maison Émile Bourgeois ne possède ni usines de fabrication, ni ateliers, elle crée cependant la plupart des modèles qu'elle expose et qui sont souvent d'un goût très pur et de forme élégante.

Outre ses nombreux modèles de services de table, le Grand Dépôt expose une série de grands vases, de candélabres, de surtouts de table parmi lesquels nous avons principalement remarqué :

1° Un grand plat en cristal d'une blancheur éclatante, œuvre aussi artistique que difficile d'exécution ;

2° Un immense vaisseau en cristal sur socle moulé et retaillé avec la coupe taillée sur brut à bandeaux de diamants et ornements en bronze ciselé et doré, œuvre du sculpteur Cornu. La fabrication de cette pièce a été confiée aux usines de Baccarat.

La Maison Léveillé (médaille d'or), fondée en 1869, ne s'occupa, jusqu'en 1887, que de la vente au détail des articles de porcelaine et de verrerie pour services de table.

À cette date, son propriétaire acquit la maison Rousseau qui avait commencé la fabrication des verreries colorées et gravées. Aux imitations des Japonais et des pièces renaissance, il adjoignit ou substitua des formes et des dessins de goût plus moderne, désireux de suivre en verrerie l'évolution qui se produisait dans les arts industriels. Il y réussit parfaitement.

Parmi les procédés mis en valeur par M. Léveillé, il en est un que nous signalons. Il emploie des couvertes simples ou doubles mates sur strass ou cristal clair avec des colorations intérieures. Toutes les pièces sont dessinées par lui et gravées d'après ses indications, elles sont fabriquées en sa présence avec un soin tout particulier.

M. Mabut (A la Paix) [médaille d'argent] ne fabrique pas. Il s'adresse à nos principales cristalleries et verreries nationales pour l'exécution des modèles qu'il établit en collaboration avec l'excellent peintre Laurent-Desrousseaux.

Notons, parmi les meilleures pièces de son exposition : des gourdes ; des grands vases tulipes ; une potiche brun sur vert sur jaune d'argent ; un tube droit n° 66 de coloration rouge or sur jaune pomme tendre couleur absinthe plaqué à l'intérieur.

Un vert clair brillant sur rouge à l'or donne une teinte orangée charmante de ton à des tubes droits base boule (lis rouge) et à une petite potiche gravée d'une course de bluets.

Citons encore une grande vasque renfermant un brun et un vert d'eau qui a donné ce brun tant cherché pour représenter les algues marines qui la décorent ; des cornets dont le motif décoratif emprunté au bégonia enroulé sur une bague, enserre le vase à la manière d'une monture de fine orfèvrerie, etc.

M. H. Coudert (médaille de bronze) également ne fabrique pas. Son exposition renferme des échantillons très réussis, des vases rouges notamment et des cristaux d'une taille admirable.

On trouve chez MM. Harant et Guignard, décorateurs (hors concours), des services de table et des verres décorés, taillés et gravés, d'un charme indiscutable et du goût le plus sûr.

Dans les sections étrangères nous avons remarqué les cristaux de Mlle Boem (Moscou) [médaille de bronze]; de la Manufacture impériale de Saint-Pétersbourg (hors concours); les services de table en cristal taillé de Netchajev-Maltzoff (Russie) [grand prix]; les vases fort joliment décorés et le cristal d'une taille irréprochable de la Société anonyme des verreries de Kosta (Suède) [médaille d'or].

VERRERIE ARTISTIQUE.

La fabrication des cristaux a fait, en France, de très grands progrès depuis quelques années, et l'on est fondé à dire qu'il n'est pas de cristallerie qui ne fasse œuvre artistique.

Au chapitre du cristal figurent des maisons dont maints produits sont de magnifiques objets d'art que nous avons signalés en passant.

Il y a lieu, néanmoins, de classer à part les maisons qui s'adonnent plus particulièrement aux recherches artistiques.

Au premier rang nous plaçons M. Émile Gallé.

M. Émile Gallé (grand prix). La contribution de M. Émile Gallé, fabricant de cristaux, à Nancy, se composait, à l'Exposition de 1900, de deux parties : sa fabrication nouvelle, d'une part, et, d'autre part, des collections rétrospectives de ses travaux antérieurs, à la Centennale des Beaux-Arts, au pavillon de l'Union centrale des Arts décoratifs et à la Classe 73 (Histoire du travail).

Pour saisir vivement l'intérêt des nouveaux procédés de M. Gallé, il est indispensable de connaître d'abord ses précédentes séries reconstituées à titre d'enseignement, par les musées et par les collectionneurs. Elles présentent un tableau des applications techniques et artistiques de l'exposant depuis trente-cinq ans. Elles sont l'illustration de ses notices aux précédents jurys, elles sont aussi le corollaire des pages consacrées par des auteurs comme MM. Appert et Henrivaux, à l'étude du décor verrier moderne.

Dès 1865, M. Gallé, sur le cristal blanc, alors en faveur, dessine pour les ateliers de M. Gallé-Reinemer, son père, des graminées champêtres, et des compositions où se voit déjà l'observation de la nature. C'est l'éveil du « style contemporain d'après la nature ». Gallé père et fils adaptent au verre les formes végétales, ils nomment leurs services de table : *bouton de lis, jambe liane, coupe liseron,* etc.

Depuis lors, Gallé développe avec ténacité son mode de renouveler les formes verrières par l'interprétation de la flore et de la faune. Il le développe dans ses écrits aux chambres syndicales, aux revues, dans ses conférences, dans ses œuvres. Ses vases affectent les formes les plus inusitées, mais les plus exactes et les plus élégantes : fleurs, tiges et feuilles. Son porte-rose, de 1884, est l'ancêtre des formes florales, aujourd'hui répandues jusqu'aux enveloppes électriques. L'écart avec les galbes et les décors traditionnels d'il y a trente années est énorme. Et, de tous les arts mobiliers, c'est la verrerie française qui, la première, a possédé l'unité d'un style moderne.

Puis, Gallé fils a colorié ses gravures blanches, il s'est attaqué au décor en couleurs. Il a rénové ce décor par la vérité des reproductions. L'Histoire du travail, à côté des tristes peintures verrières du second empire, de la belle reprise de la technique arabe, par Brocard, et des émaillages délicats de Pfulb et Pottier, nous montre les adaptations autrement vibrantes de Gallé, lorsqu'il étudiait l'émail opaque du xvi⁰ siècle, les émaux sur joaillerie de la galerie d'Apollon, pour les moderniser dans ses cristaux d'après l'insecte et la plante. Elle nous montre la lampe du Caire, francisée par nos poètes, avec des verres en reliefs d'émail appliqués sur excipients métalliques, et des décors internes sur parties emboîtées, soudées à chaud.

A cette époque lointaine, Gallé, après avoir fait le tour des moyens connus de décorer le verre au petit feu, cherche des modes inédits. Il colore des insectes gravés en les enduisant de couvertes diaphanes, il métallise ses intailles, puis les remplit de verres translucides, donnant ainsi l'émail de basse-taille sur verre.

Il applique aux vitres les émaux de relief et les fondants clairs, il transporte sur la gobeletterie les colorations puissantes du vitrail.

Dès 1889, il applique à la décoration les morsures rugueuses de l'acide fluorhydrique, présentées brutes ou émaillées.

Depuis lors, Gallé n'a jamais cessé de perfectionner ses procédés d'émail et de peinture sur verre. La nouveauté qu'il présente en 1900 « l'émail gouaché à la chinoise sur *porcelaine de verre* » et ses rééditions de ses anciens décors pour l'Histoire du travail démontrent qu'il est encore maître de tous ses procédés au petit feu.

En ce qui concerne les colorations de grand feu, c'est-à-dire celles de verres dans la masse, il s'est préoccupé très tôt d'améliorer, par l'imitation des pierres précieuses, les nuances froides ou criardes des cristalleries. Aux Expositions de 1867, 1878, on estimait surtout la blancheur de la matière. Gallé ne craignit pas d'aller à l'encontre de cette mode en présentant du cristal blanc souillé d'impuretés, afin de reproduire les accidents naturels des pierres. Il eut l'audace pour l'époque d'en faire des ornements.

Ses colorations nouvelles et neutres d'après la pierre de lune, le quartz enfumé, l'ambre, se sont imposées.

Il s'attaque, en même temps, à la mode germanique de tailler, au xvii⁰ siècle, les verres comme des cristaux de roche. Il substitue aux côtes plates le relief des enroulements végétaux, la cannelure des vaisseaux séreux, la nervation des feuillages.

Dès 1884, Gallé incorpore au verre blanc, à chaud, des préparations à base métallique et des verres pulvérisés et leur donne, toujours, des formes tirées de la nature : rameaux, algues, mousses, insectes et même ferments (coupe Pasteur).

Aussitôt après les cornets aux Limnées et la coupe de la Nuit, en 1885, nouvelle transformation. Gallé traite les vases de verre comme des camées à plusieurs couches. Il reprend l'art des vases de Naples et du Bristish Museum, mais le vivifie par l'observation de la vie et le sens poétique. Il lutte d'émulation avec Rousseau, lutte courtoise entre artistes qui s'estimaient. Il obtient, en 1889, le grand prix de l'Exposition. Il semble que M. Gallé doive considérer alors ses recherches sur le verre comme définitives et closes, avec les vases d'Orphée et de Jeanne d'Arc, avec les vases camées offerts au tsar par la ville de Paris, avec le gobelet d'Edmond de Goncourt pour Alphonse Daudet, avec le bol aux Éphémères, avec la coupe mystérieuse de la comtesse Gref-fuhle, la Buire au coudrier et l'Urne aux ombelles incluses.

Mais, de 1889 à 1900, M. Gallé va faire un nouvel effort au profit de la technique verrière. Au risque de se montrer inférieur à son passé, au lieu d'exploiter uniquement le succès, il s'est remis en quête de difficultés. En 1900, M. Gallé offre de nouveaux procédés de décor du cristal : *la patine et la marqueterie des cristaux et des verres.*

La patine est donnée par l'action, sur la surface du verre pâteux, soit de la durée du chauffage produisant une dévitrification superficielle, soit d'une atmosphère spé-ciale, soit d'empoussiérages, organiques ou minéraux. M. Gallé obtient ainsi des effets de tissus, de cuirs, de neige, de pluie. On peut craqueler, canneler, graver et décorer, puis recouvrir de couches de cristal cette sorte de gangue.

La marqueterie sur verre est l'adaptation, au cristal, de l'art que l'on pratique sur le bois. Elle permet au verrier de choisir plus librement ses couleurs, sans être gêné par le problème des dilatations inégales d'émaux et couvertes. Elle lui permet de les varier plus que le découpage dans deux ou trois couches superposées de tons différents. Le procédé consiste à fixer directement, dans la matière chaude encore molle, des la-melles de verres colorés, de figures déterminées. On les fait pénétrer dans la masse par pression, souvent on les y enclôt par une couverte. Le principe est simple. Cependant, beaucoup de difficultés durent être surmontées par M. Gallé et ses collaborateurs : il fallut avoir une palette de verres propres à s'unir avec le même fond sans accidents, il fallut réchauffer les pièces autant de fois qu'il y avait de lames de mosaïque à y incruster, puis il fallut livrer ces pièces à l'ébarbage et au façonnage habituels, enfin à la ciselure.

Ce procédé présente un intérêt moral de grande importance pour l'éducation du verrier. Il transforme le maître verrier en artiste, en décorateur, en coloriste, en pay-sagiste. Il lui suscite un intérêt personnel et la joie du travail. Il développe ses facultés d'attention et de jugement. Et, au point de vue artistique, ce nouveau métier permet d'opérer, à l'aide des nuances puissantes des verres dans la masse, l'achèvement déco-ratif au grand feu des fours, qui était auparavant confiné dans les ateliers des peintres et réservé aux moyens moindres des basses températures.

M. Gallé a mis ses nouvelles méthodes au service de son principe : le décor inspiré par l'observation de la nature. Il se propose un thème littéraire, un texte spiritualiste, un vers de poète, une pensée. Il les traduit par le paysage translucide ou la figure humaine. Il reproduit la faune des mers. Il illustre quelque rêve d'une fleur symbo-lique. La patine jette sur ces décorations des impressions de saisons, d'heures, de joie ou de mélancolie. M. Henrivaux a dit avec raison qu'un vase ainsi orné devient une œuvre d'art à l'égal d'une statue, d'un tableau ou d'un joyau.

On serait tenté de se demander s'il n'y a pas eu profusion dans les recherches de M. Gallé et s'il en a tiré un suffisant parti industriel. Il suffit de répondre que la même objection, faite et écoutée en 1878, en 1884 ou en 1889, nous aurait privés et aurait privé l'art du verre de ce que nous voyons aujourd'hui. Son usine est vouée exclusivement à l'article de luxe, la rapide vulgarisation à notre époque et les désirs du public l'astreignent à inventer. Les encouragements sont dus à l'invention plus qu'à l'imitation sans périls. M. Gallé, d'ailleurs, a démontré au jury, qu'il a su mettre, de lui-même, à la portée du grand nombre sa recherche de beauté et d'art sans compromettre le renom de l'artiste.

M. Émile Gallé a renoncé aux fonctions honorables de vice-président du Jury du Groupe XII, afin que les innovations apportées par lui ne fussent pas soustraites à la consécration du Jury international. C'est à l'acquit des recherches françaises qu'il convient de reporter les procédés nouveaux de M. Gallé. Ils ouvrent au verre artistique des voies jusqu'alors inconnues. Il s'en dégage une grande leçon, c'est que les enseignements de la nature sont utiles aux industries qui procèdent de l'invention.

Immédiatement après nous avons la verrerie de MM. Daum frères, à Nancy (grand prix), fondée en 1875 par M. Marcot, reprise en 1878 par M. Daum père, et qui est dirigée actuellement par ses fils, sous la raison sociale Daum frères.

L'usine est située à Nancy, à deux cents mètres du canal et du chemin de fer. Elle occupe environ 150 ouvriers, et fabrique spécialement la gobeletterie fine et le service de table uni, taillé, moulé. Une des spécialités est le soufflage, pour le compte d'une verrerie voisine, des boules de verres de montres.

Le verre blanc que fabriquent MM. Daum est à base de sable, soude et chaux, assez riche en soude, ce qui, avec la ductilité, lui donne un certain éclat.

MM. Daum le colorent rarement dans la masse; ils préfèrent le procédé des doublures, qui pratiquement n'est pas beaucoup plus long et donne, par l'irrégularité même des nuances, plus d'individualité aux objets.

MM. Daum préparent par fontes spéciales des boulots de verre de couleur; ils recourent aussi pour certaines couleurs : rouge, jaune, violet, à la splendide et généreuse palette de MM. Appert, dont ils modifient à volonté les teintes avec leur verre blanc,

Ils tirent également parti de l'action réductrice ou oxydante des flammes de l'ouvreau, pour obtenir à peu de frais des irisations et de curieux effets décoratifs.

D'une manière générale les formes des objets fabriqués par MM. Daum sont simples et peu fragiles et s'inspirent volontiers d'une fleur à longue tige ou d'un fruit opulent; mais elles se complètent aussi fréquemment d'autres, cabochons, mascarons, bosses, découpage, etc.

Le façonnage a plusieurs tours de mains connus : application sur la même paraison de taches ou placards de diverses couleurs, recouverts eux-mêmes de doublures ou de triplures que le graveur démasque pour composer des bouquets variés : acacias blancs, roses et jaunes; cyclamens mauves, blancs, rouges et noirs — interposition de feuilles métalliques — système de coloration à la façon de Gallé et de Rousseau (Exposition de 1884) en roulant la paraison sur des paillons métalliques et poudres de verre, — enfin décoration dite «à grand feu».

En passant aux élaborations à froid on trouve :

1° Les décorations au feu de moufle qui donnent de gracieux effets, la peinture surtout quand elle est appliquée avec mesure sur des verres opalescents de couleur tendre, ou sur des verres granités (séries fleurettes, séries Delft) où on trouve l'application des décors classiques de la faïence de Delft ;

2° La gravure qui est le procédé principal de l'usine Daum. La gravure à l'acide marque leurs débuts dans la fabrication décorative.

On sait que, suivant la composition des verres, ceux-ci sont altérés de diverses façons par l'acide fluorhydrique, les uns se montrent *durs,* les autres *tendres;* sur les uns la morsure est régulière, et sur d'autres elle produit des rugosités, et ce qu'on appelle habituellement le « givrage ».

En 1889, Gallé, nous l'avons vu, exposait des décors basés sur ce dernier effet; sur des érosions profondes et des rugosités voulues il avait détaché de délicates réserves, relevées d'or et d'émaux : *les dames du temps jadis, la reine blanche,* etc.

A leur tour, en 1890, les frères Daum ont mis au commerce des pièces qui avaient subi l'attaque d'un bain fort; les réserves s'y maintenaient nettes et claires; leur matière se prêtait au givrage. Ce fut leur premier succès.

Vinrent ensuite les gravures de verres à plusieurs couches, retouchées ou non à la roue, rehaussées ou non d'ors et d'émaux sur le fond givré d'un autre ton. Leur exposition en présente quelques spécimens : « glycine rouge; sapins et hibou; cueillette du gui ».

MM. Daum emploient aussi l'acide par lavage au pinceau, comme les peintres de vitraux et les divers producteurs de ce genre. L'emploi de l'acide à divers degrés de concentration leur sert pour les dépolissages, les niellés, etc.

La combinaison de décors peu coûteux avec ces gravures n'ayant aucune prétention au grand art a su conserver aux produits une certaine valeur industrielle et commerciale. MM. Daum ont eu un très vif et légitime succès.

Tout au contraire, disent MM. Daum en parlant de la gravure à la roue, le graveur n'opère ni au hasard, ni à plat. Le graveur à la roue élague, fait œuvre personnelle, avive ou assourdit à son gré. Les roues de fer, de cuivre, de plomb, de bois ou de liège, les émeris et les ponces, les modes infinis de polissage et de doucissage donnent au verre une délicatesse aussi caressante au toucher qu'à la vue. La gravure en camée sur des vases à multiples couches donne des effets inépuisés.

Ainsi, par exemple, la garniture de toilette dont la cuvette ne mesure pas moins de 60 centimètres : sur un fond de lac bleu se modèlent les fleurs ivoirines et les feuillages sombres du lotus, de l'arum, du jonc fleuri, de l'iris blanc, tandis que les flacons et les boîtes rappellent dans les mêmes tons les fleurs et les parfums légers de la verveine, du jasmin, du réséda; les enivrances du pavot, la fraîcheur du muguet ou de la violette.

C'est encore le grand vase de Tristan et Iseult où, sous l'ombre crépusculaire et dans la blancheur des vapeurs, se détache le groupe légendaire du blessé et de sa charmeresse.

C'est la cruche à cinq couches de verre où gisent avec leurs teintes vert-de-grisées les feuilles mortes de marronnier.

Ce sont encore les diverses lampes de salon et de bureau, veilleuses et lanternes, où la gravure voile et tamise la lumière dans un globe diaphane, tandis que veille la chouette, aimée du sage, tandis que grimpe l'armée des colimaçons avides de soleil et de printemps, ou que frissonne la chauve-souris dans un lacis de pavots.

Il serait à désirer toutefois que ces figurations soient traitées par des études plus serrées, dans un sentiment plus juste de la nature dont se prévaut à bon droit l'école de Nancy, et d'un crayon plus léger et plus élégant. Les masses décoratives sont comme tassées et pesantes.

MM. Daum ont demandé à M. Bussière, statuaire de talent, de modeler pour leur verrerie, ainsi qu'il l'avait fait d'abord pour leur faïencerie de Lunéville, quelques formes stylées d'après nature. Cet artiste a suivi d'ailleurs en cela, et il faut le féliciter, non seulement l'Extrême-Orient, mais une tradition moins lointaine, locale plutôt, puisque Nancy nous avait envoyé dès 1884 des vases dont les formes modernes avaient été interprétées de diverses espèces de la flore et de la faune lorraines, et adaptées aux techniques du verre et de la céramique.

MM. Daum, frappés depuis longtemps de l'altérabilité de certains émaux tendres, ont, à leur tour, eu recours au procédé qui consiste à appliquer, soit à l'extérieur des vases, soit sous doublage, à froid ou à chaud, du verre pulvérisé, de l'émail en poudre, afin d'en tirer des fonds colorés, pour les reprendre ensuite comme de simples doublés ou des taches décoratives.

Il est vrai qu'en 1884 Rousseau, cet initiateur, montrait sur des paraisons craquelées à l'eau froide de fines marbrures au pourpre de Cassius, d'élégantes taches de verre rose à l'or pilé, tradition conservée par son successeur, M. Léveillé. Il est vrai aussi qu'à la même date un autre initiateur, Gallé, arrivait par des interpositions encore, à des imitations de jade, d'améthyste, de quartz souillé, d'ambres à inclusions, et à réaliser certaines coupes et vases, dont nous retrouvons au Palais des Champs-Élysées les infusions d'iridium. Et c'est encore là peut-être le point de départ de toute cette fabrication commerciale parisienne, parue il y a quelques années : les verroteries mouchetées?

Quant à la difficulté de réchauffer sans accident des verres ainsi enduits d'autres verres en poudre, ou même de *groisils* concassés, elle n'existe pas, et il n'y a pas à cela de secret, pourvu bien entendu que la composition de la masse excipiente et celle du verre incorporé n'aient pas de dilatations par trop discordantes.

Si ces enduits sont laissés à nu et exposés à la fumée de la houille, les carbures, les sulfures ne manqueront pas, c'est inévitable, de les iriser durant le travail, et de réduire en même temps d'une façon superficielle les oxydes métalliques qui sont la base de ces colorations.

A l'Exposition de 1900, chez divers producteurs, nous retrouvons les décors inclus, présentés déjà en 1889, par Gallé dans des verres doubles qui, disent MM. L. Appert et J. Henrivaux dans leur livre *La verrerie depuis vingt ans,* « se distinguent de ceux faits au XVIIIe siècle en Bohême, par ce fait que le décor a été enfermé à chaud et qu'il a lui-même subi plusieurs cuissons. La capsule intérieure, devenue indistincte de l'autre, a été ornée d'émaux, bijoux incrustés; puis elle a été emboîtée dans celle extérieure, qui dissimule entièrement la suture par un décor d'émail opaque. » (P. 19, spécimens de ces décors de Gallé au Pavillon de l'Union centrale des arts décoratifs et à l'Histoire du travail en 1900.)

A leur tour, M. Désiré Christian et fils (médaille d'argent), MM. Burgun Schverer et Cᵢᵉ (brevet allemand) [médaille d'argent], puis MM. Daum (brevet français) nous montrent aussi les applications particulières d'un principe à peu près identique.

Il existe donc, nous l'avons vu dans l'étude que nous avons faite des expositions rétrospectives et de l'Exposition contemporaine, deux ou trois principes de décors inclus :

1° L'inclusion d'une peinture, d'un émaillage, d'une dorure, exécutées au préalable à froid, sur des enveloppes collées de même (verres doubles de Bohême, xvii° siècle) ou décorées et soudées à chaud, procédé contemporain;

2° D'une marqueterie à chaud (Gallé, brevet France, Belgique);

3° D'une gravure sur fonds patinés et autres par Gallé et également brevetée, sous le nom de décor sous couverte, soit tous décors anciens ou nouveaux ayant également pour fin d'être enfermés inclus sous ou dans une ou plusieurs couches de verre, après rapport au feu.

L'Italie est, peut-on dire, la patrie de la verrerie artistique. Elle n'en a plus le monopole, tant s'en faut, et nos maisons françaises surtout sont loin d'avoir à redouter le voisinage des maisons italiennes : celles-ci produisent pourtant toujours des pièces remarquables.

A Venise, l'industrie du verre date de la fondation même de la ville. Quelques fabricants étant allés s'installer dans la petite île de Murano, le gouvernement vénitien, soucieux de conserver une industrie qui était une des richesses de la ville, édicta les peines les plus sévères contre quiconque transporterait cet art précieux en dehors du territoire de la République.

Comme compensation il combla d'honneurs et de privilèges les maîtres verriers.

Venise et Murano atteignirent leur apogée à la fin du xv° siècle.

Aujourd'hui encore, on compte dans la Péninsule d'importantes maisons qui s'efforcent de suivre les traces de leurs aînées, et parmi celles qui ont pris part, non sans éclat, à l'Exposition, nous voyons les verreries de musée des célèbres maisons Salviati (grand prix), N. Candiani (médaille d'or), de Venise, et Louis Fontana et Cᵢᵉ, de Milan (médaille d'argent).

Cette dernière n'a pas obtenu moins de 31 récompenses dans les diverses expositions, depuis 1881. C'est un établissement considérable où les travaux se subdivisent en dix sections : biscautage, argenture, émeri, courbure, gravure, ébénisterie, monture des miroirs, décoration, vétrocromie (peinture des glaces), clissonné.

Deux brevets ont été pris pour ces deux derniers systèmes.

VERRE.

Nous comprendrons surtout sous cette rubrique la gobeletterie ordinaire, les objets servant aux usages courants ou aux opérations industrielles.

Nous avons surtout retenu des verres gravés sur verre doublé de M. V. Becker (médaille de bronze); des flacons de M. C. Delbosque (mention honorable); d'excellents articles de chimie et de pharmacie de M. P. Lefébure (médaille de bronze); la verrerie et flaconnerie variée de Mᵐᵉ Vᵉ A. Lasnier (médaille d'argent).

Maison Sievert, de Dresde (grand prix) : Procédé de Sievert pour le soufflage des vases en verre.

Ce procédé fait l'objet du brevet royal n° 109363. Il est appliqué dès maintenant à la verrerie de Deuben (Dresde), par MM. Sievert et Cⁱᵉ.

Il permet d'obtenir des dimensions que l'on n'avait pu atteindre jusqu'alors, jusqu'à plus d'un mètre cube de capacité. Il comporte une modification permettant aussi la fabrication facile des petits objets. Enfin, M. Sievert pense pouvoir obtenir, par ce procédé, des tables de verre planes, soit par le procédé ancien du développement d'un cylindre soufflé, soit par la découpe suivant les arêtes de boîtes parallélipipédiques.

Les vases obtenus sont d'une épaisseur uniforme, leurs surfaces conservent un beau poli.

Procédé pour le soufflage de grosses pièces. — L'appareil dont on se sert est une table creuse en fer, dont la cavité intérieure peut être mise en communication avec une tuyauterie d'air comprimé. La face de coulée est percée d'un grand nombre de petits trous communiquant avec la cavité.

On ajuste sur cette face de coulée un encadrement de la forme qu'on veut donner aux bords du vase, avec une rainure pour retenir le verre par ces bords.

On coule alors le verre puisé avec une poche dans un four à cuve ou contenu dans un creuset et on le laisse s'étaler, gagner la rainure et s'épaissir. Puis on retourne l'appareil et on envoie l'air comprimé. Il se forme une ampoule qui s'allonge. On en guide et on en soutient le fond à l'aide d'une plate-forme en fer mobile verticalement par tige dentée et engrenage. La longueur voulue atteinte, on enlève l'encadrement à rainure, on descend la plate-forme, le vase se détache de la table creuse. On le fait glisser de la plate-forme et on le porte à recuire. Il n'y a besoin d'aucun moule.

Procédé pour la fabrication de petits objets. — Le verre est coulé sur une table plane en fer où deux règles parallèles le retiennent, on y passe un rouleau. La galette de verre est tirée, très rapidement, sur un carton d'amiante imbibé d'eau, puis aussitôt et très vivement, un moule creux est appliqué sur le verre. Tandis que les bords tran-

chants de ce moule découpent la plaque molle, la vapeur d'eau produite puis sur-
chauffée sous cette plaque au rouge la soulève et l'applique aux parois.

Il ne reste qu'à démouler et à recuire.

Procédé pour la décoration du verre en couleurs. — Enfin, Sievert a imaginé un
procédé de reproduction de dessins en couleurs sur plaques de verre, d'une application très simple.

Il coule le verre, comme précédemment, sur une table plane de fer, le roule, puis
y applique un dessin sur papier préparé de la façon suivante : les endroits de ce dessin
qui doivent être teintés sont enduits de colle, puis saupoudrés de grosses poudres de
verres colorés. La feuille posée sur le verre, le dessin en dessous, on passe à nouveau
le rouleau. Le papier est brûlé. La poudre de verres colorés est fixée à la surface de
la glace. Les éléments de cette poudre gardent une partie de leurs arêtes vives, de sorte
qu'on obtient de très jolis effets de réflexion lumineuse.

Procédé de moulage Léon Appert. — Il convient de noter ici le procédé de moulage du verre inventé par M. Léon Appert à la fin de 1889. Nous en empruntons la
description à une communication faite par lui, en novembre 1890, à la Société des
ingénieurs civils.

La caractéristique de ce procédé consiste : 1° à n'effectuer le moulage que successivement en n'agissant à chaque instant que sur une surface aussi limitée que possible ;
2° à disposer les appareils de façon à conserver au verre sortant du four de fusion la chaleur qui lui a été communiquée, de façon à agir pendant toute la durée de l'opération
sur du verre à même température et, par suite, dans le même état de malléabilité.

Voici comment on procède : on emploie un moule métallique d'épaisseur suffisante,
armé de nervures destinées à en empêcher la déformation. Ce moule s'ouvre en deux
parties juxtaposées sur la hauteur et en deux ou trois parties sur la largeur au moyen
de charnières. La partie inférieure du moule étant fermée, sa capacité doit être telle que,
étant remplie, elle contienne la quantité de verre nécessaire pour faire l'ensemble de la
pièce. Le moule, ouvert à ses deux extrémités pour les pièces ouvertes elles-mêmes des
deux bouts, est obturé à sa partie inférieure, au moment du moulage, par un noyau
conique d'un diamètre inférieur à celui du moule, de façon à former l'épaisseur de la
pièce.

On verse le verre dans le moule, on en ferme la partie supérieure, laissée ouverte
jusque-là, et on imprime avec la vitesse voulue un mouvement d'ascension au noyau
qui, pour cela, est monté sur une tige en fer ou en fonte tournée qui le guide dans
l'axe du moule.

Ce mouvement est produit par un moyen mécanique quelconque, par de l'air ou de
l'eau sous pression, ou de la vapeur.

La durée du moulage est extrêmement courte et varie suivant la nature du verre et la
dimension des pièces.

S'il y a excédent de verre, il est refoulé en dehors du moule et reste en masse refroidie sur le noyau qu'on continue à faire monter et qu'on a soin de faire émerger en dehors et au-dessus du moule; il est alors séparé de la pièce fabriquée par un étirage qui se produit au moment du passage du noyau dans une bague de diamètre un peu supérieur ajoutée sur le moule quand celui-ci a été fermé. Le noyau est immobilisé et séparé de la tige qui le porte par une sorte de verrou; la tige seule redescend dans l'intérieur de la pièce définitivement terminée, d'un mouvement rapide, de façon à permettre le démoulage.

À chaque opération le noyau chaud est remplacé par un noyau froid de mêmes dimensions.

Pour obtenir des pièces égales d'épaisseur, et égales entre elles, il est nécessaire que les conditions dans lesquelles s'opère le moulage soient identiques; c'est ce qui arrive en effet, par ce procédé, puisque, étant admis que le verre puisé dans le four est à la même température, le moule lui-même reste dans un état d'équilibre sensiblement constant, que le noyau, qui est renouvelé à chaque opération, est toujours froid, et que la vitesse d'ascension du noyau est toujours la même. Quand la pièce est fermée d'un bout, le noyau est de forme tronconique ou en forme de pyramide tronquée pour permettre le démoulage quand l'opération est terminée. Le fond en est refroidi par un courant d'eau circulant intérieurement.

Il est à remarquer que dans ce procédé le moulage se produit non par le noyau métallique lui-même, mais par un noyau en verre qui se forme instantanément sur le noyau métallique au moment où celui-ci y a été versé. Suivant donc l'état de malléabilité du verre et la rapidité avec laquelle sa composition lui permettra de se solidifier, ce noyau artificiel sera d'un diamètre plus ou moins grand et l'épaisseur de la pièce de dimensions en rapport avec ce diamètre. Une des conséquences de cette formation de noyau artificiel, c'est que l'intérieur des pièces moulées est lisse et poli, et qu'il ne porte aucune trace du noyau qui l'a formé. Le dehors de la pièce moulée, au contraire, épouse toutes les formes et les dessins en creux ou en relief qui ont pu être tracés sur la partie intérieure du moule; aussi, quand ces pièces sont des tubes ou tuyaux, sont-elles très propres à faciliter la conduite des fluides ou des liquides, en réduisant au minimum les pertes de charge.

Ce procédé de moulage permet évidemment la fabrication de pièces de dimensions illimitées, et on peut, en effet, par ce procédé, fabriquer facilement et économiquement des pièces d'une longueur de 1 et 2 m. et plus.

Le verre employé pour la fabrication des glaces contenant en moyenne 15 p. 100 de chaux caustique répond très bien aux besoins de cette fabrication; sa fluidité est grande, sa malléabilité suffisante et son refroidissement rapide; sa grande résistance à l'action des agents de toute nature ne fait qu'augmenter le nombre de ses qualités.

Ce procédé n'exige pas l'emploi d'ouvriers spéciaux, de simples manœuvres suffisent pour le mettre en action, aussi est-il extrêmement économique et appelé à rendre des services de toute nature à l'hygiène et à l'industrie, en rendant encore plus général l'emploi du verre que recommandent son bas prix et ses nombreuses qualités.

A l'exposition américaine, la maison Tiffany qui, à l'Exposition de 1878, a obtenu un si légitime succès avec son orfèvrerie d'un genre nouveau, a présenté, en 1900, deux créations fort intéressantes :

Des vitraux curieux dans leur originalité au double point de vue de l'effet et du mode de fabrication;

Des verreries métallisées et irisées fort remarquables, qui dénotent un goût sûr et délicat et une connaissance approfondie des ressources qu'offre l'emploi de réducteurs variés sur de nombreux oxydes métalliques.

Les combinaisons de reflets polychromes, obtenus par de savantes réductions, fournissent une très grande variété de décors chatoyants, agréables et doux à l'œil.

Sa belle collection de vases, aux formes et aux couleurs élégantes a valu un grand prix à la maison Tiffany.

Dans le même ordre de fabrication nous devons citer la maison Lötz Wittwe (grand prix), qui expose de beaux vases en verre métallisé et irisé.

Sans avoir un cachet aussi artistique, ni une aussi grande variété de formes et de coloration que la maison Tiffany, elle présente des produits d'un grand mérite, comme fabrication et comme goût; car ils sortent tout à fait des genres de décoration usités en Bohême et ils marquent un grand pas dans une voie nouvelle et féconde.

Un grand prix a récompensé ce fabricant habile.

A un autre point de vue l'exposition de M. Lobmeyr (grand prix) est très remarquable, car elle comprend les décors, les tailles et les gravures les plus distingués de l'ensemble de l'exposition autrichienne. On sent à l'examen que M. Lobmeyr est un homme de goût, attachant la plus grande attention à tous les détails de l'ornementation du verre. Il a du reste obtenu un grand prix.

A côté de ces produits artistiques s'en trouvent d'autres d'une incontestable utilité. Parmi ces derniers il faut placer ceux de M. Kavalier (médaille d'or), qui excelle dans la fabrication des verreries pour la chimie; car il a su faire des verres brillants, durs, très peu attaquables aux acides et aux alcalis et surtout résistant très bien aux variations de température, ce qui permet de s'en servir dans bien des cas comme des vases de métal.

Si les chimistes, physiciens et physiologistes ne connaissent pas tous le nom de Kavalier, tous ont utilisé et apprécié ses verreries qui ont obtenu une médaille d'or.

La maison E. Bakalowitz fils, de Vienne (médaille de bronze), a plutôt envoyé des formes que des objets fabriqués : plusieurs cabarets sont fort élégants.

Citons encore pour l'Autriche :

Les expositions collectives de Galicie, de Salzbourg et de Prague ; les articles d'usage de luxe et de fantaisie des cristalleries du comte Harrach (médaille d'or); les vases diversement colorés, irisés et métallisés de M. A.-J. Pryl (mention honorable); les applications galvanoplastiques de M. A. Zasche (médaille de bronze), etc.

Mentionnons spécialement : les verres d'Holophane Glass Company, formés d'enveloppes de cristal moulées portant intérieurement et extérieurement un réseau de cannelures prismatiques, dont les profils nombreux et compliqués, calculés scientifiquement, diffusent à souhait la lumière.

Pour la Hongrie : les maisons GIERGL (médaille de bronze), J. KOSSUCH (médaille d'argent), les anciennes verreries SCHREIBER et NEVEU (médaille d'or), cette dernière avec des services teintés.

Pour la Russie : la verrerie OBOLENSKY (médaille d'or), présentant des articles qui ont leur prix.

Plusieurs expositions de verres gravés sont très remarquables.

Notre attention a surtout été retenue par les givrages de M. E. SANTERRE (mention honorable), de M. R. VINCENT (mention honorable) et de M. E. DUPONT (mention honorable); les bobèches minces et les gravures de M. P. GABREAU (médaille de bronze) qui vient de prendre un nouveau brevet pour un procédé de transformation des feuilles de verre planes ou convexes (bombage-décor); les cristaux si habilement taillés de M. C. PERTHUIS (médaille de bronze); l'exposition collective du Syndicat des GRAVEURS À LA ROUE dont les pièces montraient avec évidence des qualités de dessin, de composition et de métier consciencieusement appliquées; les plaques, vases et verres gravés (fleurs, portraits, sujets divers) de M. L. VALTER (médaille de bronze), etc.

Gardons-nous d'oublier les rubis scientifiques de M. PAQUIER (médaille d'argent). Ces rubis, conséquence des travaux importants conçus et exécutés il y a une vingtaine d'années par Frémy avec la collaboration de Feil, puis de MM. Henrivaux et principalement de M. Verneuil, attaché au laboratoire Frémy, sont la reproduction fidèle des rubis naturels : même composition chimique, densité, dureté, coloration font de cette reproduction une œuvre de premier ordre. Notons encore les diamants naturels montés pour la coupe du verre par M. PELLETIER.

La SOCIÉTÉ PAR ACTIONS DES VERRERIES RHÉNANES (médaille d'or), à Ehrenfeld, près Cologne, société anonyme fondée en 1864, pour la fabrication de la gobeletterie verre et cristal, occupe 550 ouvriers : elle a renouvelé les procédés des anciens verriers allemands et les formes artistiques du moyen âge, tout en les appliquant aux besoins modernes, et n'a exposé qu'un choix très sévère de ses articles, parmi lesquels il faut signaler différents types genre Renaissance, des services modernes appliquant les anciens procédés, des modèles de verres de table à deux couches retouchées à l'acide avec dessins de fleurs, etc.

La maison WALTER, BERGER et Cie (médaille d'or), à Goetzenbrueck (Lorraine), fondée en 1721, a une production très considérable de verres pour lunettes et montres.

La VERRERIE JOSÉPHINE DU COMTE SCHAFFGOTSCH (médaille d'or), à Schreiberhau (Silésie). Cette cristallerie, fondée en 1842, appartient au comte de Schaffgotsch et occupe 350 ouvriers. On y fabrique surtout les services de table taillés, gravés, décorés en émail et en or.

Ne le cédant en rien aux usines de Bohême quant à la perfection de ses produits, la maison n'a exposé que des modèles bien choisis, créés pour l'Exposition même.

M. Koepping (Karl), à Berlin (médaille d'or), professeur et membre de l'Académie royale de Berlin, aquafortiste très renommé pour ses gravures. Grand prix de l'Exposition de 1900 (section des beaux-arts), M. Koepping, en ancien chimiste et en artiste, s'est appliqué depuis plusieurs années à créer des verres artistiques, originaux autant par leurs formes sveltes et élégantes que par leurs tons variés savamment combinés.

Les pièces exposées, qui sont uniques, ont été exécutées à la lampe, elles ne visent pas à la fabrication et doivent être appréciées surtout comme œuvres d'art.

MM. Burgun Schverer et Cie (médaille d'argent), à Meisenthal (Lorraine), ont une exposition remarquable et soignée de verrerie artistique, dans laquelle il faut signaler des verres à deux couches et à incrustation, taillés, gravés, peints et décorés de différentes manières.

Cette maison a spécialement développé des vases d'un ton verdâtre avec dessins de fleurs et ornements style nouveau.

MM. Christian (Désiré) et fils (médaille d'argent), à Meisenthal (Lorraine); maison de fondation récente qui a travaillé avec énergie et succès aux différents procédés du verre artistique moderne à tons et couleurs très variés.

Elle expose des verres incrustés, taillés, gravés, etc.

M. von Poschinger (Ferdinand) [médaille d'argent], à Buchenau, près Zwiesel (Bavière); maison datant du XVIe siècle, occupant 330 ouvriers, tant pour les verres à vitres et les verres artistiques de vitraux (exposés Classe 69), que pour la gobeletterie de toute espèce et la cristallerie.

De toute cette fabrication, M. Ferdinand von Poschinger n'expose qu'une création de vases artistiques à reflets métalliques avec dessins nouveau genre.

M. Steigerwald (médaille de bronze), à Regenhuette (Bavière). Cette maison, occupant 200 ouvriers, fabrique la verrerie et la cristallerie de table.

Elle expose principalement des décors à émail opaque, avec dessins de style moderne.

M. Felmer (Ludwig), à Mayence-sur-Rhin (médaille de bronze), expose en deux endroits différents. Il présente, dans la partie des vins allemands, une collection de 180 verres à boire dits de *vin du Rhin,* verres de toutes formes, de toutes couleurs, variant entre le vert, le jaune et le rose, ces diverses nuances afin de *relever* les vins, suivant la coutume allemande.

A la Classe 73 nous remarquons une série de verres et vases, copies de formes romaines.

Ces derniers verres n'ont pas l'aspect surchargé et mièvre des verres de Venise, c'est la reproduction de l'antique, les formes sobres leur donnent tout à la fois l'apparence de la légèreté et de la force.

M. Ludwig Felmer, par des recherches personnelles, a d'abord réuni une grande quantité d'objets romains, il en a ensuite fait reproduire quatre séries qui ont été exposées pour la première fois à Chicago en 1893, où elles ont obtenu un légitime succès, succès qui n'est pas moindre à notre Exposition universelle de 1900.

M. KRUGER (F.-A.-O.), artiste peintre à Munich, (mention honorable), expose surtout des verres d'invention artistique fabriqués à la lampe.

VERRES POUR L'OPTIQUE.

La fabrication des instruments d'optique nécessite l'emploi de deux sortes de verres ayant des densités différentes et rendus, pour cette raison, achromatiques.

Imaginé par Culer, l'achromatisme fut réalisé en 1754 par Dulong au moyen de l'emploi simultané de lentilles en « flint-glass » et en « crown glass », c'est-à-dire formés d'un cristal ordinaire à base de plomb et d'un verre à base de chaux. Cette fabrication rencontre de sérieuses difficultés.

Les hautes températures. écrit dans sa notice M. Paris du Bourget sont indispensables pour la bonne réussite des verres d'optique en général et particulièrement pour ceux dans la composition desquels il entre des métaux alcalino-terreux, dont la présence est sinon un empêchement, du moins un retard à la bonne fusion des matières mélangées.

Avec une bonne température, les fontes sont plus pures, il y a moins de défauts dans la masse et la réussite est plus complète.

Un four d'optique comporte un seul creuset qui contient généralement 500 à 600 kilogrammes de matière.

Quand la fusion est terminée et le verre affiné. il est soumis à l'opération dite « du brassage »; cette opération a pour but de rendre toute la masse vitreuse bien homogène.

Le brassage terminé. on retire les barreaux du four pour que le verre se solidifie rapidement et conserve l'homogénéité que lui a donnée le brassage, puis on ferme les registres, on lute la gueule du pot et les différentes ouverture du four, c'est-à-dire suivant le terme du métier « on bloque le four » afin que la masse se refroidisse lentement. Suivant l'emploi de la matière ainsi obtenue, ce refroidissement peut varier de quelques jours à plusieurs mois.

Quand le moment de défourner est venu, on casse le creuset; on a alors des blocs qui sont examinés à la loupe et d'où on enlève les fils, grains. bouillons, etc., qu'ils peuvent contenir, c'est ce qu'on appelle « l'opération de la purge ». Les petits blocs purgés sont placés dans des moules en terre réfractaire et ramollis en plateaux.

Commercialement, le verre d'optique est livré suivant les besoins, soit en grume, c'est-à-dire en morceaux purgés après la casse du creuset, soit en plateaux, soit sous forme de verres moulés; dans ce dernier cas, les plateaux sont débités au diamant en morceaux d'un poids déterminé que l'on ramollit à nouveau pour les presser ensuite dans des moules de diamètres et de courbes déterminés, suivant le genre de matières et les demandes des opticiens; dans d'autres cas, la moulure est faite sous forme de grains à profils spéciaux. ces grains détachés sont employés par les tailleries mécaniques pour faire les simili-diamants.

La maison PARIS et Cie (médaille d'or) a exposé des spécimens très réussis de ces simili-diamants et son exposition est remarquable.

L'exposition de M. E. MANTOIS (grand prix), plus encore qu'en 1889, présente un intérêt exceptionnel.

Sa fabrication essentiellement scientifique est assurément la plus parfaite que l'on puisse voir. Nous croyons inutile de renouveler ici l'éloge que nous avons fait de M. Mantois dans notre avant-propos; la réputation de cette maison qui a su prendre le premier rang dans cette industrie si difficile, est trop bien établie pour qu'il soit nécessaire de s'étendre davantage sur les produits qu'elle expose.

Sa fabrication comporte l'universalité des fournitures de l'optique.

Les résultats qu'obtient cette maison constituent pour notre pays un véritable honneur et nous ne saurions trop lui rendre hommage.

Voici la liste des pièces principales exposées par M. Mantois :

1 disque flint et un disque crown de 1 m. 25, préparés pour l'objectif du grand sidérostat du Palais de l'Optique;

5 disques crown et 5 disques flint de o m. 84, o m. 54, o m. 40, o m. 37, o m. 35;

1 disque prisme en flint de o m. 27;

1 collection de 16 disques en flint et crown de diamètres inférieurs à o m. 30;

8 grands prismes en flint et en crown;

Des blocs de boro silicate crown bruts, de baryum crown lourd bruts, de flint extra dense bruts, de crown au zinc bruts, de flint très léger baryte bruts, de baryum crown léger bruts, de crown ordinaire bruts, de crown très lourd bruts, de verre d'urane bruts, de verre de didyme bruts, de crown ordinaire polis, de crown léger et très léger polis, de crown lourd polis, de flint dense (série F) polis, de baryum crown lourd polis;

Des pyramides de plusieurs plaques de crown très léger, de flint très léger, de boro silicate crown, de crown au zinc, de crown à haute dispersion, de baryum crown léger, de baryum crown lourd;

Des collections de plaques de crown léger et très léger, crown lourd et très lourd, flint dense (série F et série B), flint léger (série R), flint léger, flint dense (série O), flint extra dense, flint léger baryte, baryum crown léger.

Depuis son origine, la maison Mantois a fourni des objectifs astronomiques et astro-photographiques de o m. 30 à 1 m. 25 de diamètre à nombre d'observatoires de la France et de l'étranger.

La maison E. BERNARD et Cie (médaille d'or) a une magnifique exposition de verres extra-blancs. Ses cylindres et ses globes sont également de tout premier ordre.

Notons la fabrique d'yeux artificiels de M. E. PILOT (médaille de bronze), qui a obtenu une médaille de bronze.

La maison APPERT FRÈRES a également exposé des spécimens de la fabrication de verres de montre découpés bruts, de verres de lunettes extra-blancs et de couleur, des coquilles et demi-coquilles des teintes les plus variées. Elle a exposé en même temps une sphère en verre de grande dimension (1 m. 70 de diamètre) dans laquelle il est possible de découper 1.200 verres de montre. Cette boule, obtenue par des procédés dont MM. Appert frères sont les inventeurs, est la plus grande pièce de verre qui ait jamais été soufflée : sa contenance atteignait 2.350 litres.

On trouve encore, à la Classe 73, les verres de montre, d'optique et à lunettes de la maison WALTER BERGER et C⁰ (Allemagne) [médaille d'or].

Quant aux expositions de diverses maisons des États-Unis, elles seraient mieux à leur place à la classe spéciale de l'optique.

LE PALAIS DES ILLUSIONS.

SALLE DES GLACES.

Le Palais des Illusions ou Salle des Glaces se trouve dissimulé, pourrait-on dire, entre la Salle des Fêtes et le Palais de l'Électricité.

C'est une vaste salle hexagonale de 22 mètres de diamètre sur 20 mètres de hauteur dont l'effet repose sur la disposition, en hexagone, des panneaux en glace tapissant ses parois. Chaque panneau, de 12 mètres sur 15 m. 50, est garni de 12 glaces de grandes dimensions. Pour que le palais justifiât son nom et fît perdre au spectateur le sentiment de la réalité, il fallait que ces glaces fussent aussi parfaites que possible. M. Hénart, architecte de cette salle, ne pouvait mieux s'adresser qu'à la Manufacture des glaces de Saint-Gobain pour mener à bien son ingénieuse conception.

Avec l'empressement qu'apporte en toute affaire nouvelle cette puissante compagnie, elle a étudié et résolu le problème posé par l'architecte et, pour en faciliter la réalisation, a même fourni et posé, à titre gracieux, les 72 glaces du palais. La mise en place des glaces a été effectuée au moyen d'un outillage spécial étudié par les ingénieurs de la compagnie.

Grâce à ce concours désintéressé, M. Hénart a pu mettre son œuvre au point et faire refléter à l'infini la magnifique coupole que des milliers de lampes électriques de toutes nuances, si harmonieusement installées par la maison A. et G. MARTINE, de Lille, font briller d'éclats prestigieux.

Les colonnes creuses en opaline recevant les retombées de la coupole produisent, par leur coloration très douce et changeante, les effets les plus séduisants.

Ces colonnes, fabriquées à Saint-Gobain, nous amènent à parler du palais en verre dit *Palais lumineux*, qui dresse au-dessus des rochers du lac de la tour Eiffel, son élégante silhouette.

Ici encore, la Compagnie de Saint-Gobain a donné sa collaboration la plus active à une œuvre originale conçue par feu Ponsin, indiquée par M. J. Henrivaux, poursuivie avec talent par M. l'architecte Latapy et qui est comme l'apothéose du verre.

Les socles, bases, piédestaux, colonnes, parois, planchers, rocailles, sont en verre moulé et comprennent plus de 3,600 modèles différents. Le soir venu, le palais, avec ses deux superbes escaliers de verre, son plancher, ses colonnades, ses tuiles, ses parois, éblouissants de lumière, sans qu'aucun feu soit apparent, charme et séduit tous les visiteurs de l'Exposition qui s'y portent en foule.

Le poids total du verre fourni par la Société de Saint-Gobain pour ce palais, atteint près de 107,000 kilogrammes. Certaines pièces de cette originale construction ont présenté de très grandes difficultés d'exécution et figurent dans les propres expositions de la Compagnie, à la Classe 28 du Génie civil, au Champ de Mars, et à la Classe 73, section de la Verrerie, à l'Esplanades des Invalides.

PALAIS LUMINEUX.

Le vitrarius A. Ponsin a résumé et groupé dans l'ensemble d'un palais monumental toute l'expression de l'art français. Et le Palais lumineux Société anonyme du Palais lumineux Ponsin (médaille d'or), qui est le plus grand travail de glacerie, de verrerie et de peinture sur verre qui ait jamais été exécuté, a été le couronnement de son œuvre.

C'est au Champ de Mars, au centre de l'Exposition, sur un socle de granit, où ruisselle une cascade de 12 mètres de hauteur, qu'est édifié le Palais lumineux, entouré de longs peupliers frissonnants, de mélèzes au sombre feuillage, près le grand lac où, à l'ombre des saules pleureurs, prennent leurs ébats cygnes et canards des Indes et qui, lui-même, sert d'immense miroir où se reflètent les sommets flamboyants de l'éblouissante merveille.

On accède par de larges escaliers bordés de fleurs à d'imposants escaliers de verres de formes élégantes; aux rampes de conques marines phosphorescentes comme les marches, contre-marches et limons qui semblent faire surnager l'édifice sur des nuages d'eau.

Le Palais lumineux, tout en étant un objet d'art monumental, constitue, en même temps qu'une curieuse exposition de lumière par l'électricité, une très originale exposi-ion de verrerie et de glacerie combinées.

La Compagnie des glaceries de Saint-Gobain, à laquelle la Verrerie de Saint-Denis (Legras) a été adjointe pour la fabrication des pièces en verre soufflé, a tenu à honneur d'exécuter ce beau travail.

Tous les styles se confondent et s'harmonisent dans le Palais lumineux. La sculpture ornementale et la statuaire y trouvent également tout le déploiement désirable.

La façade principale présente l'aspect d'un immense portique et les toitures tour-mentées en des formes gracieuses sont soutenues par de hautes colonnades en verre qui lui donnent une grande légèreté.

Qu'il soit vu de l'extérieur ou de l'intérieur, le palais est complètement lumineux et cela sans un point de feu visible. Il est entièrement construit en glace et en verre et plus de 12,000 mille lampes électriques sont habilement disposées pour fournir un grand foyer d'incandescence répandu à égales parties dans tout l'édifice.

Les escaliers s'y déploient dans toute leur grâce et les dessous sont ornés par des enroulements de plantes grasses aux tons glauques, qui laissent aux gradins toute leur resplendissante blancheur combinée avec des effets de nacre, de conques, de coquilles formant balustrades.

Un curieux contraste se produit entre l'extérieur et l'intérieur du monument : par suite de combinaisons architecturales, le grand hall semble avoir des proportions bien plus vaste que ne comporte le palais vu de l'extérieur.

Les colonnes qui semblent être de marbre transparent et les chapiteaux d'or qui forment les premiers plans lumineux reposent sur un tapis de Smyrne aux chatoyantes couleurs, également translucide.

La voûte est formée d'un immense voile d'opaline d'or, artistement décorée d'émaux vitrifiés transparents du meilleur effet.

Mentionnons les grandes draperies en perles taillées représentant des soleils et formant portières pour les trois grandes baies des façades principales et latérales et les petites baies de côté, ainsi que les vitraux mobiles garnissant les bas côtés dont l'exécution, qui présentait de grandes difficultés à cause des cintres, a été si parfaitement menée.

Au surplus, chaque partie du Palais est curieuse à voir; leur succession et leur rapprochement en font un spectacle des plus rares.

Sur les côtés est et ouest, les deux grandes grottes qui surmontent les immenses vasques de verre sont formées d'amas de monolithes, laissant apercevoir des cascades d'eau et de buée.

La façade postérieure de l'édifice ne ressemble en rien aux autres; la grande baie est remplacée par une rotonde en briques de verre de couleur dont l'éclat s'harmonise délicatement avec celui de l'extérieur et de l'intérieur du palais.

La grotte souterraine est formée de rochers de glace hérissés de stalactites, desquels émane, comme d'une voûte mystérieuse, une chatoyante phosphorescence.

Dans cette grotte, les visiteurs peuvent, à leur aise, se rendre compte de la façon dont on souffle le verre; d'habiles ouvriers souffleurs de verre montrent au public tout le secret de cette fabrication spéciale. C'est un attrait de plus à ajouter à la visite du Palais lumineux.

Le monument est entouré d'élégantes terrasses abritées par des toitures de tuiles lumineuses, également supportées par des colonnes torses, le tout rattaché par des ornements qui semblent fleurir sur le monument lui-même.

L'ensemble est agrémenté de guirlandes de fleurs aux riantes couleurs s'échappant de nombreux vases ajourés surmontant les pilastres des escaliers.

Bref, une véritable révolution dans la construction décorée et qui suffit à montrer combien variées et charmantes peuvent être les applications du verre, marié à la lumière, dans l'habitation moderne.

LA PIERRE DE VERRE GARCHEY.

Nous nous trouvons ici en présence d'une industrie toute nouvelle, d'application essentiellement utilitaire, où des milliers d'ouvriers trouveront à s'occuper, et qui nous a paru, par suite, mériter un chapitre spécial. Société parisienne d'exploitation des produits céramiques Garchey (médaille d'or).

Voici un exposé des procédés de fabrication :

Les verres qui se dévitrifient le mieux sont ceux qui contiennent un excès de chaux ou d'alumine; les verres à bouteille sont dans ces conditions. Leur prix de revient est peu élevé, et si l'on doit fabriquer un verre spécial, ce prix de revient diminue encore.

En effet, l'on n'a pas besoin d'un verre absolument affiné pour la dévitrification; il suffit que les éléments soient combinés, et, en outre, on peut réduire à son minimum la portion de soude.

L'expérience faite aux verreries de Carmaux (Bousquet d'Orb) dans un four à bassin, qui servait au préalable à la fabrication des bouteilles, est concluante.

On fondait 10,000 kilogrammes de verre par 24 heures, quand il s'agissait d'une fabrication de bouteilles courantes ; aujourd'hui, dans le même laps de temps et avec la même quantité de combustible, on produit 20 tonnes de verre à dévitrifier. Il est ainsi facile de se rendre compte du prix de revient de ce verre spécial; on peut dire que ce prix n'excède pas 3 fr. 50 les 100 kilogrammes.

Le verre ainsi obtenu est tiré à l'eau par un moyen très simple.

Sur le côté du bassin se trouve une bonde mobile, qui s'enlève toutes les heures environ, pour laisser couler le verre fondu et qui se trouve à la surface. Ce verre, au moyen d'une goulotte, est envoyé dans un baquet d'eau où il s'étonne.

Lorsque la coulée est terminée, on glace le jet de verre avec un peu d'eau et on replace la bonde mobile.

Le verre ainsi étonné, est passé au broyeur et au classeur de façon à créer plusieurs catégories de grosseur de grains.

Cette classification est indispensable, car selon la grosseur du grain employé, à la surface du produit, on obtient un aspect différent.

Il s'agit maintenant d'introduire ce verre dans le four à dévitrifier. Il a fallu tâtonner beaucoup pour arriver à rendre cette opération pratique, et à la suite de différentes études, M. Garchey s'est arrêté à un appareil désigné sous le nom de «calibre» et pour lequel il a pris un brevet.

Ce calibre permet de préparer à froid, dans une boîte en tôle, la quantité de verre nécessaire à l'obtention du produit désiré, et de déposer sur la sole incandescente du four, ce verre préparé, sans qu'il subisse aucune déformation.

Cet appareil, qui maintenant est entré couramment en usage, et qui est très simple d'apparence, a occasionné beaucoup de recherches.

Au bout de 45 à 50 minutes, le verre ainsi préparé déposé sur la sole du four, s'est dévitrifié complètement et à ce moment il faut le transporter sous la presse pour être découpé et façonné.

Il y avait là deux problèmes excessivement difficiles à résoudre : le premier, celui du four à dévitrifier dont la capacité doit être assez grande pour arriver à une fabrication courante, industrielle et dont la température doit être sensiblement égale dans toutes ses parties ; le deuxième consistant dans la création de la presse puissante, susceptible de couper et d'estamper les galettes de verre dévitrifié avec assez de rapidité pour que la fabrication industrielle soit pratique.

Ces deux problèmes ont été résolus de la façon la plus satisfaisante.

A l'usine de Creil, notamment, le four à dévitrifier est chauffé par le système Siemens. La surface de la sole est de 50 mètres superficiels environ et la température est facilement réglée entre 1,000, 1,050 et 1,075 degrés.

Quant aux presses hydrauliques, un système de couteaux mobiles a été imaginé qui permet de découper d'abord la matière avant l'estampage et de démouler très facilement après.

Une circulation d'eau dans les matrices et contre-matrices, permet de frapper avec une presse cent produits à l'heure.

En réalité, cette industrie nouvelle est maintenant en plein dans la période active et neuf usines sont déjà installées ou en voie d'installation.

La pierre de verre se prête à une foule d'emplois multiples dont les principaux sont les suivants :

Pavage des chaussées ; pavage des écuries : dallage des usines où doivent se manipuler des liquides corrosifs ; dallage des vestibules, cours, trottoirs ; dallage des usines électriques ; revêtements d'intérieurs hygiéniques et autres ; isolateurs électriques ; revêtements d'architecture.

Ce produit très intéressant est appelé, à notre avis, à trouver de nombreuses applications, car les expériences faites au laboratoire des Ponts et Chaussées, et dont voici le résumé officiel, sont des plus importantes.

Il a été constaté :

1° Qu'à l'écrasement la pierre céramique résiste à 2,023 kilogrammes par centimètre carré, tandis que les matériaux les plus durs employés dans les constructions, tels que le granit, ne résistent qu'à 650 kilogrammes ;

2° Que pour la gelée, la pierre céramique a subi, à différentes reprises, l'action de mélanges humides et réfrigérants de vingt degrés de froid sans altération, puisque, tout au contraire, elle a résisté après ces expériences à une pression de 2,028 kilogrammes par centimètre carré ;

3° Que sa résistance à l'usure, manifestée par le frottement d'une meule à grande vitesse, classe la pierre céramique immédiatement avant le porphyre de Saint-Raphaël, et, pour prendre un point de comparaison bien connu parmi les pierres de taille les plus dures, a un rang très supérieur à la pierre de Comblanchien, avec une différence de près du double

4° Qu'au choc déterminé par la chute d'un mouton, d'une hauteur d'un mètre et pesant 4 kilogr. 200, il a fallu 22 coups en moyenne pour obtenir la rupture et 3 coups en moyenne pour la première fissure, tandis que les pavés de laitier de haut fourneau et le quartzite du Roule (matériaux les plus employés en pavage et les meilleurs pour cet usage) ne résistent qu'à 19 coups dans les mêmes essais;

5° Quant à l'arrachement, l'effort par centimètre carré d'adhérence a été, pour obtenir un décollement de 15 kilogr. 3, de telle sorte que la plaque céramique la plus courante, de 50/53, nécessiterait une force de vingt-cinq mille kilogrammes pour être arrachée.

ÉMAUX-MOSAÏQUE.

Si cette partie de la Classe 73 attire moins l'attention du public que plusieurs autres expositions, elle produit sur les amateurs un effet immédiat, elle renferme des objets qui dénotent de la part de leurs auteurs de longues et patientes études. Les émaux s'appliquent à toute espèce d'usage décoratif. pour la bijouterie et les articles de mode et sur les métaux, l'or, l'argent, le cuivre, le fer. A M. Guilbert Martin père revient la gloire d'avoir introduit ce mode de décoration en France.

Cette industrie toute française est monopolisée pour ainsi dire par deux maisons : la maison Appert frères fondée depuis quatre-vingts ans (hors concours) et la maison René Martin et Cⁱᵉ (anc. Guilbert Martin) [grand prix], qui alimentent le monde entier.

Il convient de rendre un juste hommage à la mémoire de feu Guilbert Martin, en rappelant la grande place qu'il a su conquérir dans cette industrie depuis l'époque à laquelle il s'est spécialisé dans la fabrication des émaux. La mort est venue le frapper à la veille de cette Exposition de 1900, là où son œuvre ressort avec un éclat particulier.

C'est la maison Guilbert Martin qui a été chargée d'exécuter la frise en mosaïque du Grand Palais de M. L.-Ed. Fournier.

Parler de l'œuvre du peintre, ce serait peut-être sortir de notre cadre. Cependant il convient de remarquer que M. Fournier, avec un art consommé et une connaissance approfondie des phases diverses par lesquelles a passé la mosaïque depuis l'antiquité, a su s'inspirer, sans les pasticher, des procédés des vieux maîtres siciliens (chapelle palatine de Palerme).

Comme il le dit lui-même dans la notice qu'il a publiée dans la *Revue des arts décoratifs* : «la véritable mosaïque reparut avec toute sa saveur, sa richesse et son éclat, exécutée également par M. Guilbert Martin, dans la décoration de la crypte consacrée à Pasteur, à l'institut de la rue Dutot». Le résultat n'a point été moins heureux pour la frise du Grand Palais.

La conclusion trouve ici tout naturellement sa place en ce sens qu'elle rend hommage aux efforts de M. Guilbert Martin :

La nouveauté de cette frise, c'est qu'elle était seule colorée sur toute la façade du Palais.

Il fallait donc qu'elle s'harmonisât avec la pierre blanche, sans perdre son accent personnel, qu'elle fît comme une grande aquarelle ou une grande tapisserie tendue sur le mur.

Pour cela je dus partir de tons très clairs et comme rarement on en avait employé dans la mosaïque d'émail, mais en cela je fus secondé merveilleusement par le remarquable maître-verrier qu'était Guilbert Martin.

Aidé de son petit-fils, M. René Martin, qui est rompu aux préparations les plus compliquées du laboratoire, il sut se plier à toutes mes exigences, trouver des procédés nouveaux pour exécuter le ton du fond, par exemple, que je demandais à la fois très brillant et très clair, ce qu'on obtient difficilement en émail, surtout pour le rouge.

Mais rien ne rebutait M. Guilbert Martin pour cette frise dans laquelle il voyait le couronnement de sa belle et noble carrière.

Le petit-fils et successeur de M. Guilbert Martin, M. René Martin, s'est personnellement consacré également à la recherche des émaux.

Il possède plus de dix mille teintes différentes pour la mosaïque et les émaux, le fond rouge de la frise du Grand Palais, dont il est parlé plus haut, est une innovation : rouge sur blanc qui permet d'obtenir une gamme très suivie partant, par exemple, du jaune pour arriver successivement au rouge jaune, au rouge violet.

La maison Guilbert Martin réussit parfaitement la fabrication des tubes colorés servant à enfermer les sérums de l'Institut Pasteur.

Elle fabrique couramment : les tubes en verre vert dur pour chaudières ; le tube photophore à bande rouge sur réflecteur blanc ; les tubes pour thermomètres, baromètres, alcoomètres ; les tubes capillaires pour la fabrication de la soie artificielle et un produit spécial pour la soudure des fils de platine dans les lampes à incandescence ; la galette d'or ou d'un métal quelconque à surface unie, gravitée ou martelée servant à la mosaïque ; les scorzettes. émaux rouges ou cuivre, comme en fabriquent les Italiens.

Quant aux produits de MM. Appert frères (hors concours), ils ont acquis une universelle et juste renommée par leur surprenante variété et le fini du travail.

MM. Appert frères, dont il a été souvent et justement question au cours de ce rapport, se livrent sans relâche aux recherches les plus ardues et les améliorations qu'ils réalisent constamment dans leurs verres, émaux, cristaux, couleurs vitrifiables leur font le plus grand honneur.

Les brevets de M. Léon Appert, et les ouvrages qu'il a publiés sur l'industrie à laquelle il a plus spécialement consacré son activité éclairée, l'ont placé au niveau des auteurs les plus en vue dans l'art de la verrerie[1].

M. A. André (médaille d'or), expose de superbes émaux de Limoges, des émaux en résille incrustés sur verre, magnifique travail d'art.

Citons aussi : les échantillons de M. V. Gacau (médaille de bronze) fort joliment décorés ; les verres et glaces émaillés gravés ou peints de MM. Lémal, Raquet et Prost (hors concours) ; les émaux transparents pour verre, glace et opaline, de M. L. Magnier (médaille de bronze) ; les émaux superposés de M. A. Reyen, un artiste hors de pair,

---

[1] Notons encore, à propos de la maison Appert frères, que l'opaline employée par la Compagnie des chemins de fer du Nord provient de sa fabrication. L'opaline employée pour le garnissage des murs et des voûtes de plusieurs des stations du Métropolitain de Paris a été également fabriquée par cette maison.

dont les travaux tout à fait personnels méritent une mention toute particulière et lui ont valu du reste une médaille d'or.

Dans les sections étrangères il convient de mentionner particulièrement :

Deutsche Glasmosaïk-Gesellschaft. — L'usine de MM. Puhl et Wagner (grand prix), à Rixdorf, près Berlin, fondée en 1889 par un chimiste, un négociant et un artiste, qui s'est ensuite retiré, compte 40 ouvriers mosaïcistes. Elle fabrique elle-même, dans ses fours, tous les matériaux qui lui sont nécessaires.

Cette maison, récompensée de deux médailles d'or de l'État de Prusse et de la ville de Leipzig, a exécuté des travaux considérables de décorations d'églises et de façades, en Allemagne principalement ; elle a établi une succursale à Venise.

La grande mosaïque de 7 mètres de hauteur sur 9 mètres de largeur qui domine la section allemande à l'Esplanade des Invalides, a été exécutée, en six semaines, sur les dessins du professeur Max Koch, de Berlin.

Parmi les autres objets exposés nous remarquons principalement : le portrait de l'empereur d'Allemagne, exécuté d'après le tableau du professeur Koner ; deux lunettes style moyen âge ; une colonne roman avec chapiteau ; les deux piliers de la section allemande ; un tableau du Christ, d'après Guido-Réni.

Cette industrie, nouvelle en Allemagne, y a pris rapidement un grand développement.

Puis encore : les peintures en mosaïque exécutées par le peintre Hofstätter (médaille d'argent de collaborateur) pour la maison Lötz (Bohême), dont les vases irisés sont parfaits ; les mosaïques de verre de Tiffany Glass and decorating Company (grand prix) qui sont très artistiques, avec des fleurs et dessins entre deux ou trois couches de verre, ayant les plus délicates transparences et des irisations chatoyantes.

FOURS. — OUTILLAGE, MATIÈRES PREMIÈRES.

Nombreuses sont les maisons qui, dans les diverses catégories se rattachant aux cristaux et verreries, ont exposé des choses intéressantes.

Fours de fusion. — La fonte du verre a été obtenue depuis l'époque la plus reculée, par le chauffage direct au moyen des différents combustibles en usage : le bois, la tourbe et enfin le charbon.

Aujourd'hui, en Russie principalement, on emploie les essences minérales naturelles, bientôt on emploiera l'électricité.

Nous n'examinerons pas par le menu les différents systèmes de fours dont on s'est servi pour la fusion des matières vitrifiables. Bornons-nous à faire cette remarque que par le chauffage direct, la plus grande partie du calorique s'échappait par les cheminées d'appel et que la température obtenue était très variable, la régularité de sa marche se trouvant subordonnée au plus ou moins d'habileté du chauffeur ; le nombre de creusets était aussi, par là même, très limité.

Après de longs tâtonnements, on est parvenu, en produisant le gaz dans un foyer séparé du four, qu'on nomme gazogène, et en mélangeant ce gaz avec de l'air chaud, à obtenir des températures excessivement élevées et infiniment plus régulières.

M. Henrivaux, dans son ouvrage sur le verre et le cristal, a fait une description très complète des multiples systèmes de fours anciens et modernes.

Les fabricants sont unanimes à donner au four Siemens le premier rang. C'est qu'en effet, dans ce système, la récupération des gaz et le chauffage de l'air qui doit se mélanger avec le gaz à son entrée dans le four, se font par contact au lieu de s'effectuer par transmission, comme dans la presque totalité des autres systèmes de récupération.

Cependant M. Charveau (médaille d'argent) a réussi à construire des fours à récupération d'air et de gaz par renversement, qui présentent des avantages sérieux, notamment aux points de vue ci-après : solidité, durée et régularité du chauffage, possibilité de construire des fours de petites dimensions comme au Palais lumineux, facilité des nettoyages et modifications à l'extérieur, nettoyage automatique des conduits par le retour des flammes.

Nous avons remarqué aussi l'exposition de MM. Derval.

La maison E. Derval (médaille d'argent) ancienne maison R. Radot, fondée en 1876 par MM. Gaillard, Haillot et Radot, a exposé des dessins et tableaux représentant diverses applications de son système de chauffage au gaz avec récupération des chaleurs perdues.

Le système employé par M. Derval diffère du procédé Siemens en ce sens que le chauffage de l'air par les fumées s'opère par simple transmission et d'une façon continue dans une sorte de calorifère construit entièrement en poteries réfractaires.

Les nombreuses et importantes installations faites par cette maison dans la verrerie, la métallurgie, les produits chimiques, la fabrication du gaz d'éclairage, etc., montrent tout l'intérêt que présente ce mode de chauffage pour l'obtention des hautes températures exigées par certaines opérations industrielles.

Parmi les expositions de matières premières et d'outillage pour verreries, nous avons principalement remarqué les maisons ci-dessous :

C. Lespadix (médaille d'argent) : presses, moules, etc. ;

G. Schott (médaille d'argent) ; tours et platines, moules et presses ;

G. Dumas (médaille d'argent) : creusets de verreries, blocs pour fours de verreries, briques d'alumine et de silice, argiles réfractaires ;

A. Marchand (médaille de bronze) : fours, produits réfractaires.

Nous trouvons en outre : les terres plastiques et produits réfractaires de M. A. Halet (mention honorable); les terres pour produits réfractaires de M. R. Pelé (médaille de bronze); les sables et grès de M. F. Tixier (médaille de bronze); les potasses et soudes de Mᵐᵉ veuve Décle et Cⁱᵉ (médaille d'or).

Mentionnons enfin l'or brillant liquide de MM. Hinque, Marret et Bonnin (médaille d'or), et les divers produits utilisés en verrerie de cette importante maison.

CONCLUSIONS.

Nous voici à la fin de ce rapport (que nous aurions voulu faire plus complet et plus détaillé, mais il est bien difficile, même en pareille matière, à cause des menus obstacles imprévus, de réaliser ce qu'on a rêvé). Est-il nécessaire de l'appuyer de quelques conclusions? Il nous paraît qu'elles se présentent d'elles-mêmes à tous ceux qui ont parcouru les galeries si abondamment et si diversement garnies de la Classe 73.

Nulle part on ne constate d'efforts plus persévérants. A chaque pas se révèlent les intelligentes initiatives, et c'est pour nous un plaisir, que nous ne cherchons pas à dissimuler, de constater que les résultats obtenus ont largement récompensé nos confrères de leurs patientes recherches. Dans chacune des catégories de la Classe 73 c'est la marche vers le mieux : les progrès sont manifestes et il en est de merveilleux.

Est-ce l'amour-propre d'un déjà vieux verrier qui le fait parler ainsi? Non pas, vous le savez, mon langage est la simple expression de la vérité. Après tant de promenades dans le domaine qui nous a été réservé, après tant d'agréables découvertes, je devais à nos exposants, au nom de leur Jury, ce témoignage très net de satisfaction.

Réjouissons-nous de ces améliorations incessantes, de ces perfectionnements continus. Soyons heureux et même un peu fiers — c'est notre droit réellement — d'avoir contribué à l'éclat du grand concours international de 1900, par l'éclat d'une de ses parties.

TABLE DES MATIÈRES.

Imprimerie nationale. — 6877-01.